「中国」精神 我们的故事

刀尖上的舞者
——"航母战斗机英雄试飞员"戴明盟的故事

李炳银 主编
沙志亮 著

希望出版社

中国精神出版项目编写委员会
（排名不分先后，以姓氏笔画为序）

王　琦　田俊萍　纪红建　江胜信
许　晨　张　平　沙志亮　李炳银
余　艳　武志娟　孟绍勇　赵　雁
郝敬堂　唐　哲　韩海燕　谢琛香

戴明盟准备从辽宁舰上滑跃起飞。 （钟魁润/摄）

永远对未知世界保持好奇心，

孜孜不倦去探求结果。

戴明盟

出版前言

古人云:"童蒙养正,少年养志,壮年养德。"人的一生中,青少年时期正是选择人生目标和树立远大志向的关键时期。然而,"未来要成为什么样的人""未来要过什么样的人生",对青少年来说,可真不容易说清楚。在他们的成长过程中,如果能看到、听到或者了解到一些优秀人物的人生经历,并能以他人为榜样树立正确的世界观、人生观和价值观,那无疑会是开阔胸襟、拓宽视野、丰润生命的很好途径。

"中国精神·我们的故事"这套丛书,正是专为青少年创作出版的一套讲述中国故事、展示中国智慧、弘扬中国精神的优秀励志读物。我们甄选出当下中国鼓舞人心、提振国威的一些重大题材,并邀请作家深入一线亲自采访,把那些为了祖国伟大事业而无怨无悔付出的优秀人物的感人经历,用精彩的情节和细腻的描写呈现出来。虽然每个人物身份不同,所从事的事业也不同,然而,无一例外地在他们身上集中体现出了这样的特点:

> 他们是典型生动的当代人物;
> 他们拥有非同一般的毅力和热忱笃定的坚守;
> 他们各有所长且卓有建树;
> 他们的故事,让我们由衷感受到中国精神的力量。

中国精神,意在阐述当代中国人深沉热烈的爱国精神和与时俱进的改革创新精神。中国精神,让世界上其他国家看到了中国智慧、中国道路、中国力量的强劲内驱力。对青少年来说,学习这种精神,就是要少年立志,长大后争做爱国、敬业、诚信、友善的新一代公民,为中华民族的伟大复兴而努力付出!

人物介绍

惊天一着写传奇！冲天一跃扬国威！

他从长江要津的一座小镇里走来。

他在西部戈壁沙滩上空练翼展翅。

他在波涛汹涌的海天之上穿云破雾。

他是国产新型舰载战斗机歼-15的英勇试飞者。

他第一个驾"飞鲨"在中国第一艘航母辽宁舰上降落起飞。

他被中央军委授予"航母战斗机英雄试飞员"荣誉称号。

他率歼-15机群参加"纪念中国人民抗日战争暨世界反法西斯战争胜利七十周年"大阅兵，米秒不差飞越天安门。

他和战友们受到中共中央总书记、国家主席、中央军委主席习近平同志的亲切接见。

他是鹰阵的领飞者，现如今是中国第一支舰载战斗机部队的部队长。

他叫戴明盟。1971年出生在重庆市江津区石门镇，1990年招飞，入伍二十余年来，先后被评为"海军十杰青年""海军特级飞行员""海军功勋飞行员""全军爱军精武标兵""全军优秀指挥军官"，荣获"航空报国金奖""航母工程建设重大贡献奖"等，并当选党的十七大代表。

目 录

引　子 ·· 1

第 一 章　孩儿立志出乡关 ·· 5

　　从"犇犇"到"盟盟" ·· 7

　　乡风熏陶下成长 ·· 12

　　不服输的"小不点儿" ·· 19

　　"我要飞翔！" ·· 23

第 二 章　万类霜天竞自由 ·· 33

　　惜别"歼-8" ·· 35

　　跳伞遇险 ·· 41

　　遥祭父亲 ·· 45

　　大漠"练翅" ·· 50

　　飞越凉州 ·· 59

第 三 章	欲与天公试比高	65
	砺剑雄关	67
	"火凤凰"	74
	海空雄鹰	84
第 四 章	刺破青天锷未残	95
	百年航母梦	97
	"我是抢了彩头啦!"	108
	一切从零起步	118
	勇当先锋	127
	驯服"飞鲨"	134
第 五 章	无限风光在险峰	147
	你的名字叫"辽宁"	149
	首次"亲密接触"	161
	刀尖上的舞蹈	169
	最牛资格证书	204
第 六 章	而今迈步从头越	215
	迎接习主席的视察	217
	被授予最高荣誉	225
	大阅兵米秒不差	235
	不是尾声的尾声	245

引子

在我的印象中,戴明盟长得很清秀,肤色很白,浓眉大眼,透着一股灵气和机敏,见人总是笑呵呵的,脸上挂出他独有的招牌笑容,并不像有些媒体报道的那样:非常严肃,不苟言笑。

对于我们这些熟悉"中国航母战斗机着舰第一人"戴明盟的人来说,他朴实得就像一个邻家男孩,相处时又像一位热火火的自家兄弟。

因为我们同是海军航空兵出身的战友,又由于撰写长篇报告文学《中国航母舵手——辽宁舰纪实》,我曾多次采访过他,几年来看到的、听到的、想到的,一切的一切,都在随时随地地触动着我、提醒着我,把戴明盟的故事写

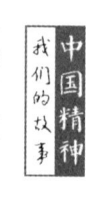

出来、讲出来,让大家立体地、全面地、翔实地认识和了解我们的英雄试飞员,真正知道什么叫"铁一般信仰、铁一般信念、铁一般纪律、铁一般担当"。

那么,咱们就一起走近他吧。

第一章 孩儿立志出乡关

从"犇犇"到"盟盟"

"盟盟,我采访你来了。"

前不久,我来到航母综合试验训练基地,因为互相都熟悉,与戴明盟一见面,我就直截了当地说。

"盟盟"是大家对戴明盟的昵称,在非正式场合,熟悉他的人都这样叫他,透着一股亲切和喜爱。

人常说:"一方水土养一方人。"1971年8月3日,戴明盟出生于重庆市江津区石门镇。江津区位于重庆市西南部,以地处长江要津而得名。它是长江上游重要的航运枢纽和物资集散地,也是川东地区的粮食产地、鱼米之乡。这里还是聂荣臻元帅的故乡。

石门是重庆市江津区下辖的一个镇,位于江津区西

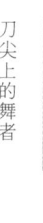

刀尖上的舞者
——"航母战斗机英雄试飞员"戴明盟的故事

北长江之滨,距江津城区42公里。石门的得名,源于神话传说,相传这里是通往东海龙宫的西大门。来到此地,你可看到碧波流淌的江边有一巨石,形如昂首向上而游的乌龟,故名乌龟石;在江水枯竭的冬春季节,隐约可见深处有一门,人们称之为石门。"万里长江第一大佛"——石门大佛寺摩崖造像就坐落在这里,为全国重点文物保护单位和国家AAA级景区,素享"大佛之乡"的美誉。这里还有石笋山森林公园,以及川东地下党革命遗址等自然、历史、人文景观资源,也是传说中八仙之一铁拐李的故乡。

戴明盟的父亲叫戴雨林,是重庆嘉陵机械厂的一名技术工人,经常在外工作,十天半月回不了家一趟。母亲刘德宣,是石门镇粮油站的职员。他还有个小他三岁的妹妹,名字叫戴穹。戴明盟小时候的名字叫戴犇,父母、街坊邻居和儿时的伙伴都叫他"犇犇"。

戴明盟介绍自己时说:"我小时候很顽皮,学习不好,只能算中下等吧。"这让我大感意外,因为在采访他前,我曾经看过很多报道他的资料,都说他学习刻苦、成绩优异。有家报纸还这样写道:"小学、初中,认真学习、勤勤恳恳的戴明盟为自己的学业打下了坚实的基础;高中三年,他'一飞冲天',成功从江津五中'飞入'飞行学院,成为一名光荣的飞行员。"

我说:"这和我了解的情况不一样啊!"

"是真的。"戴明盟很认真地对我说,"因为学习成绩一般,父亲给了我很大的压力,管得很严,我还常常挨揍。我父亲哥儿仨,他排行老二,我大伯家的堂哥、堂姐,一个考上清华大学,一个考上成都大学,我小叔还是四川作协的作家。父亲是恨铁不成钢啊。"

"哈哈哈!"他的这番话把我逗乐了,"你啊,你啊,真实在。"

"不就是要实话实说吗?小时候谁不调皮捣蛋?年轻时谁不心高气傲?这也不是什么原则性的错误。"戴明盟瞪着那双大眼睛,静静地看着我,等着我给出答案。

我连连点头称"是"。

刀尖上的舞者
——"航母战斗机英雄试飞员"戴明盟的故事

戴犇小时候虽然长得瘦小,却是个小孩儿头。那时孩子们都是散养,没上过什么幼儿园,也没什么玩具,最常玩的游戏就是摔烟盒、打水枪、滚铁环,还用观音土雕泥人、雕手枪。

戴犇最牛气的是有一个硕大的铁环,那是妈妈单位榨油用的铁圈,报废后成了他的玩具。这让小伙伴们很羡慕,常常是他在前面滚铁环,后面一群孩子追。有时他玩疯了,就忘了吃饭,忘了睡觉,惹得妈妈高喊着"犇犇"满街找。

1978年,戴犇七岁了,要上小学了。

石门镇的小学不叫石门小学,而叫平等小学。这是为什么?大概是因为石门的火车站叫平等车站,所以就随着叫了。

开学那天,父亲去送他。

到了年级教室,班主任陈焕群问他:"叫什么名字?"

"我叫戴犇。"

陈焕群是位和蔼的女老师,笑着又问:"怎么起了这个名字?"

父亲回答:"随便起的,没多想。"

陈老师说:"不太好听,能换一个吗?"

"可以呀。他大伯家的孩子一个叫戴明江,一个叫戴明扬。老师,您给起一个吧。"父亲爽快地说。

"好。"陈老师点点头,沉吟了一会儿说,"那就叫戴明盟吧,和他大伯家的孩子排字一样。'明',光明,明天;'盟',团结的意思,并且上面也有个明。我希望他和同学们搞好团结,携手并肩去追求美好的明天,也希望他有一个美好的未来。"

父亲一听非常高兴,连声说:"这个名字好!这个名字好!就叫戴明盟了。"

从此以后,戴犇的学名就改为戴明盟。

虽然他对老师起名的寓意还不太懂,但他朦朦胧胧知道,老师给他改的名字寄予了厚望,饱含着祝福。

乡风熏陶下成长

有人说，最好的教育就是唤醒孩子内心的种子。这种子就深埋在故乡的沃野里，并在淳厚的乡风吹拂下萌芽，不知不觉中生长壮大。

有首歌唱道："老爷爷的胡子里长满了故事。"

对于戴明盟来说，故乡山水里的故事更像天上的星星，数不清。

生在江边，必然和水亲；长在山里，当然和石近。特别到了夏天，戴明盟和小伙伴们总是忍不住，放学后或放假时，悄悄地约在一起，到长江里扑腾嬉戏一番。他和小伙伴们在长江里戏水之后，小脚丫的水印又常常留在了通往大佛寺的石板曲径上。

石门大佛寺摩崖造像，位于石门镇白坪村（原凉亭村）东100米处，西距成渝铁路平等车站500米，离石门镇平等小学也就十几分钟的路程。石门大佛寺建筑为七重檐山木结构建筑，是中国清代典型的高层建筑。古寺坐北朝南，正对滚滚东去的长江，背倚危崖绝壁，藏于茂林修竹之中，层层叠叠，七檐飞翘，气势磅礴。

戴明盟和小伙伴们在大佛寺玩耍时，最津津乐道于互相讲述这座名寺的传说。关于石门大佛寺的修建者是谁，众说纷纭。民间给这座神奇的寺庙演绎了许多美丽的传说，鲁班坟便是其中流传最广的。

他们走到一处"鲁班坟"的景点。戴明盟讲："鲁班带着徒弟找遍千山万岭、大江南北，终于选中了咱们这块风水宝地，建造大佛，吃了很多苦，累死在这里，佛像才有了灵气。"

每次他们都玩到尽兴方归，早就忘了学校和老师严令禁止私自下江游泳；当然每次也少不了伸出胳膊，让老师和家长用指甲检查一番，若划出一道白印，就会挨上一通

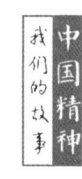

刀尖上的舞者
——"航母战斗机英雄试飞员"戴明盟的故事

批评。

在戴明盟的记忆中,印象最深的是父亲带他去游览石笋山。石笋山在石门镇北面,海拔最高处715米,东西横亘,方圆五千余亩,由男石笋山、女石笋山、云雾坪等景点组成。这里也是处处有故事,处处有传说。

这是个星期日,父亲从重庆回来休息。翻阅戴明盟的作业时,看他近期有了明显进步,父亲一向严肃的脸庞上有了笑容,破例答应领他出去游玩。

戴明盟非常高兴,一路上像只小麻雀,叽叽喳喳说个不停,问个不断。

父子走到一山坳处,戴明盟看到有一座石碑巍然矗立在那里,就问:"爸,这是什么碑?"

父亲回答:"它叫四方碑。"

"为什么叫四方碑?"

"因为它四面刻字,所以被人们称为四方碑。"

戴明盟好奇,又问:"四方碑,都刻的什么字?"

"刻的是一个行善的故事。"父亲告诉他。

戴明盟一听是故事,就央求父亲讲给他听。

父亲爽快地答应了,驻足碑前绘声绘色地讲了起来:

"这上面说的是,北宋乾德四年隆冬,八仙之一张果老应铁拐李的邀请,来咱这里的石笋山聚会。他倒着骑驴回去的那天,北风飒飒,雪花飘飘,天气十分寒冷。当他走到这个地方时,看到一对乞讨的母女冻得瑟瑟发抖,斜躺在路边紧紧依偎在一起。"

听到这里,戴明盟"哎哟"叫了一声,担心地问:"那还不冻坏了?"

父亲点点头,往下讲:

"是呀,这母亲看上去四十来岁,蓬头垢面,又饿又冷,气息奄奄;小女孩也就七八岁,和你大小差不多。小女孩趴在即将冻死的母亲身上,哭喊着妈妈,那情形真是

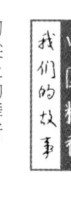

刀尖上的舞者
——"航母战斗机英雄试飞员"戴明盟的故事

悲惨。

"正在这时,一个弹棉絮的老汉从这里经过,见此惨状,立即停下来,走到她们身边,并将自己刚刚为别人弹好的新棉絮盖在她们身上,还拿出食物给她们吃。

"张果老被眼前的这一幕深深感动,也转身下驴,走上前去,将财物倾囊都给予了这对母女,还施药治病,直到那位母亲病愈。"

戴明盟听到这里,长出一口气,拍手叫好。

父亲继续讲道:

"张果老治好那位母亲的病后,转身问弹棉絮的老汉:'兄弟贵姓?此番善举感天动地啊!'

"老汉摇摇头,平静地回答:'小老儿姓崔,家就在对面。此乃小事一桩,见者都应该这样做。'

"张果老见崔老汉对做善事如此轻描淡写,还说出一番质朴的话语,更令他佩服!他拿出拐杖,就地将路旁的大石劈成一块巨型方柱,把之前的所见所闻写于石柱四方之上,以此宣告乡里,要学习崔老汉的善举!"

讲完故事,父亲摸着戴明盟的头叮嘱:"孩子,不管什么时候,都要做好人,做好事。"
"爸,我记住了。"戴明盟郑重地承诺。

当时的乡镇学校,农忙期间都放"农忙假",这是戴明盟和同学们最开心的日子。他们不仅可以参加学校组织的集体劳动,比如收割后拾麦穗、割草沤肥等,还可以自由活动,尽情地在山水间玩耍,享受乡风乡韵的熏陶。

戴明盟家虽是城镇户口,但出门就是农田,家旁边就是酒厂的一大块水泥坪。放假期间,他常常到农田里帮助农民伯伯干点力所能及的活儿,或者到水泥坪上帮忙摊晒粮食和油菜籽儿。虽然每次都弄得满身灰土,累得汗流浃背,但他觉得很好玩,很快乐。

著名散文家林清玄在一篇文章里这样说:生命中有

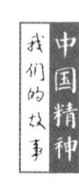

中国精神 我们的故事
刀尖上的舞者
——"航母战斗机英雄试飞员"戴明盟的故事

很多重要的东西,除了学习,孩子更应该掌握这几方面的能力:面对挫折的能力,除了读书,劳动也能锻炼这个能力;爱的能力,用饱满的爱面对亲人、朋友,才能更好面对人生;认识生命多元价值的能力,不一定要成绩特别好,要看他对生命的理解;还有拓展视野的能力,以及表达自己情感和思想的能力。一个成功的人,要有远大的理想、坚强的意志、谦逊的态度和温柔的气质。

没错,故乡山水的哺育,使戴明盟从小心肠就像水一样柔韧,性格就像山一样刚毅。

不服输的"小不点儿"

1983年9月1日，戴明盟升入初中。

石门镇有两所中学，一所当时叫石门乡中学，只有初中部；一所叫江津五中，是所完中，是当时江津市的重点学校。

戴明盟上的是乡中学，班主任叫刘建昌。

因为个头瘦小，戴明盟常被同学们叫作"小不点儿"。"小不点儿"不服输，尤其爱参加体育活动。

学校里有篮球队，他个子小参加不了，那就学打乒乓球。学校里体育设施简陋，只有两张乒乓球桌，还没有网架，用两块砖头搭上一根竹竿凑合着用。可是，一个年级六个班就有几百人，玩得人多，轮上一次不容易。他们约定，只打4个球，谁赢谁"坐庄"，接受挑战。

刀尖上的舞者
——"航母战斗机英雄试飞员"戴明盟的故事

一开始,戴明盟不行,好不容易轮到上场,一分钟不到就败下阵来。他不服气,央求母亲买了副乒乓球拍,放学后悄悄在家里对着墙苦练,时间长了,也可以不歇气地打上500多个。

俗话说"熟能生巧",基本功练扎实了,那就不一样了。课间时间,"小不点儿"早早拿着乒乓球拍来到桌案前,三下五除二打败了一个个挑战者,过了一把"坐庄"的瘾,让同学们对他刮目相看。

上初中时,对戴明盟触动最深的事,是学校请来对越自卫反击战的英雄做报告,他至今还记得那位叔叔的名字——曾凡凯。曾凡凯生动讲述了解放军为了保卫祖国边疆安宁、领土完整,不怕艰苦、不畏牺牲、奋勇杀敌、舍家为国的英雄事迹。戴明盟是含着泪听完这场报告的,他暗下决心,长大后要去当兵,当保卫祖国的英雄。当兵要有强健的体魄,他就抓紧时间锻炼身体,盼着自己能快点长高,同时积极参加学校组织的各项体育竞赛。学校一年一度的运动会,他在班里都是第一个报名,而且还报多个项目。

1984年秋,学校又一届运动会开始了。戴明盟报的是跳远、乒乓球和400米赛跑等项目。在比赛400米时,用他自己的话说,"闹了个大笑话,出了个大洋相"。起跑线上,选手们屏气凝神,做好了准备。发令枪响起,他们个个如出膛的子弹飞了出去,可戴明盟刚跑出去几步就摔倒了。原来,他起跑时用力过猛,把运动裤的腰带给挣断了,裤子一下子滑到脚脖那里,将自己绊趴在地。他毫不犹豫,爬起来提着裤子继续跑,引得同学们哄堂大笑。戴明盟跑啊跑,朝着终点奋力跑,后来笑声散了,掌声响起,"盟盟加油!盟盟加油!"的呐喊声此起彼伏。同学们被他这种不服输的劲头深深感动着,要是换了别人就有可能退出比赛,可他不!

戴明盟爱说:"认准了目标,就不能当逃兵当狗熊嘛!"

1986年中考,是戴明盟人生路上遇到的第一个真正意义上的挫折!他落榜了。他告诉我:"语文考得还可以,数

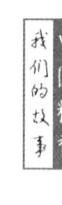

刀尖上的舞者
——"航母战斗机英雄试飞员"戴明盟的故事

理化一般,英语最臭,差几分没达分数线。"

那段日子里,他的心情犹如当时家乡的天气,阴雨连绵,电闪雷鸣。他把自己关在家里几天不出门,第一次认真严肃地思考着未来:不上高中,我去干什么?当兵去,年龄、学历、身高、体重都不行;去外面打工,恐怕也不适合……他想啊想啊,他不甘心,他不服输,几天之后,趁父亲回家休息的时间,他垂头丧气地来到父母面前。

父母对他这次落榜倒没有过多责备,一向严厉的父亲也没发火,只是默默地看了他几眼。

戴明盟鼓足勇气张开了嘴:"爸,妈,我想复读一年再考。"

父亲脸上没有笑容,追问了一句:"你再读一年,有把握考上?"

戴明盟点点头,坚定地说:"有,一定考上!"

母亲什么也没说,只是长长地吐出一口气。

戴明盟重回学校读初三,通过刻苦学习,他胜利了,于1987年考入了江津第五中学。

「我要飞翔！」

江津第五中学，位于石门镇金龙街道，所以当时叫金龙中学，是江津市直属完中。五中的校训为"负重创重、自强图强"，时刻激励着学子们坚定信念、早日成才，成为国家栋梁。

戴明盟被分到了5班，班主任叫张邦国。在校期间，戴明盟的个子似乎噌的一下蹿高了，从一米四多点长到一米七左右。无论离家远近，学校要求所有学生住校。戴明盟从小独立生活能力就强，父母上班，奶奶家远在綦江，伯父、叔叔、姑姑又都不在一起，江津没什么亲戚，他带着妹妹学会了做饭、洗衣服等。

课余时间，他的最大爱好还是体育，戴明盟报名参加

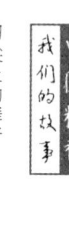

刀尖上的舞者
——"航母战斗机英雄试飞员"戴明盟的故事

了篮球队,并很快成为主力。高一下学期,学校召开运动会,他们班篮球队还获得了冠军。戴明盟和队友在球场上龙腾虎跃,常吸引来不少观众。4班一位叫江燕的女生,对这个敢打敢拼的小伙子印象很深。江燕的父亲原是石门平等小学的校长。他们曾在一起上过学,只不过戴明盟比江燕大一岁,原先比她高一年级。由于戴明盟复读,他们俩成了高中同年级的同学。江燕转学到江津市后,他们还保持了书信联系。

戴明盟的另一大爱好就是读书,这是从小养成的习惯。《少年科学画报》和《儿童时代》等杂志,他坚持订阅了十几年。他在初中时就开始通读中国古典四大名著,还对红色经典和侠义小说感兴趣。《红岩》《青春之歌》《林海雪原》《红旗谱》《铁道游击队》《钢铁是怎样炼成的》等不止读了一遍。《三侠五义》《隋唐演义》《说岳全传》《杨家将演义》《李自成》以及《金庸作品集》等小说,他不仅读,还会讲,经常在集体宿舍里说给同学们听。

戴明盟读书从一开始的饥不择食,到后来有所偏爱和选择。他喜欢老舍、赵树理、贾平凹、张贤亮等作家的作品。当时的少男少女喜欢看琼瑶和其他一些港台作家的小说，他看了一两本就没兴趣了，觉得还是看历史小说和武侠小说过瘾。

戴明盟读书有个优越条件，除了在学校图书馆借阅书籍和《十月》《当代》《收获》等一些优秀刊物之外，每逢寒暑假，他还跟着母亲刘德宣，到她的工作单位粮油站图书室去看书。母亲在单位负责工会工作，管着图书室，金庸、古龙等人的武侠小说，戴明盟就是在这里借阅的。

有一次，他还闹了个笑话。戴明盟在里面看书，母亲下班时把这事儿忘了，锁上图书室的门就回家了。母亲做好晚饭，连叫了几声"犇犇"，却没听到回应。她这才突然想起，儿子还在图书室里，急慌慌赶回单位，开门一看，戴明盟正痴迷地在书海里遨游呢。

1989年下半年，进入高三学期，师生们开始了迎接高考的总动员。班主任张邦国找每个同学谈话，除了帮助分

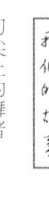

刀尖上的舞者——"航母战斗机英雄试飞员"戴明盟的故事

析学习上的短板,找出努力方向之外,还问了两个问题:一是如果考上了,上哪里的大学,喜欢什么专业;二是如果考不上,做何打算。

轮到戴明盟时,他迎着老师殷切的目光,两个问题一并回答:"我想当兵去!"

张老师点点头,又问:"你想当飞行员吗?"

"当然想!"戴明盟一听这消息,很兴奋。

张老师告诉他:"听说明年空军要来我们江津招飞,但是,体检很严格,文化成绩要求也很高。"

"我身体没问题。"戴明盟很有信心。

"学习成绩要求到本科线,你要有思想准备哟。"

"老师,我会努力的。"

"好!"张老师沉吟了一阵,又说,"咱们共同努力,我会帮你的。"

从老师办公室里出来,戴明盟非常激动,一个美好的愿景展现在他的面前。他抬头仰望,让思绪在蓝天上驰骋;他伸开双臂,用真诚热情地拥抱白云。"啊!我要飞翔!"呐喊声直撞他的心扉……

自那以后,戴明盟养成了看天的习惯。从前,每当有飞机从头顶飞过,他仅是好奇地看上一眼,现在就不一样了,只要听到飞机的轰鸣声,他会马上抬起头,在蓝天白云间寻找到目标,久久地目送它消失在天际,想象着自己插上钢铁翅膀,自由地在九天之上翱翔。

没过多久,在学校的阅览栏里贴出了空军飞行学院的招生简章,号召有志青年踊跃报名参加人民空军,为保卫祖国的领空建功立业。戴明盟对照招飞条件,觉得自己符合,就约上邝波、龙风军、韩勇等几个要好的同学一起报了名。

初检前两天,他拿上报名表,打算回去让父母签字。他很兴奋,到家没头没脑地告诉父母:"我报名招飞了。"

母亲听了一愣,问:"什么招飞?"

"就是当空军,当飞行员呀。"

母亲一听笑了,发出疑问:"是真的吗?你能行吗?"

"是真的。这不是让你们签字吗?"

刀尖上的舞者
——"航母战斗机英雄试飞员"戴明盟的故事

那天,父亲正巧在家,接过表来仔细看了看,说:"这是好事。别管行不行,先去试试吧。"

戴明盟还告诉父母:"后天就去重庆体检。"

母亲掏出二十元钱,让他带着,期盼儿子能顺利过关。

虽然是初检,但学校还是非常重视,专门派了一个副校长带队。那时候,坐火车去重庆,没快车,一趟要四个小时。

戴明盟和二十多个同学来到重庆大坪医院,在这里,他第一次见识什么叫"淘汰"的残酷。

淘汰!

淘汰!

几关下来,同学们一个个被淘汰了。

戴明盟在视力检查时卡了壳,医生让他闭眼休息一段时间再复查。戴明盟的心一下子提到了嗓子眼儿,他在闭目等待时,在心里查找原因,觉得是自己这一段看课外书太多太狠,影响了视力。

一个小时后,戴明盟再去检查,还是不行,医生让他再等。

这时,看老师和同学都在等他,他怕误了大家的行程,心里就有点烦躁,有点着急。好在同学邝波的一句话点醒了他:"你来都来了,就等一等,着什么急?再试一次,过了就过了,不过咱们再一块回去。"

戴明盟一听有道理,就静下心来。

再次检查后,医生兴奋地说:"过了,没问题!"

老师和同学围着他一阵欢呼,因为学校来体检的二十多个人,只有他一人突出了重围。

到了年底,戴明盟被通知复检。

这一次更严格,他在解放军第三医科大学附属西南医院住了四五天,从器官到耐力,从神经到心理,检查了几十个项目,用他的话说,"将身体里里外外翻了个底朝天"。

好在他都通过了,体检表上盖的是鲜红的"合格"!

身体合格了,文化关还要攻克。

班主任张邦国默默地兑现了自己的承诺。他知道,戴明盟数学和英语差,他找到学校的数学名师李远杰等,让

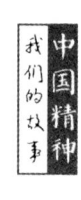

他们为自己的学生突击复习补课,自己则侧重帮他提高语文成绩。几位老师尽心尽力,让戴明盟感动不已,暗下决心,决不辜负老师的期望。

高考之后,师生都在焦急地等待结果。

1990年8月3日,星期五,建军节刚过两天,戴明盟收到了来自空军第二基础飞行学院的录取通知书。巧的是,这一天正好是戴明盟十九周岁的生日。

他从班主任张邦国手里接过通知书时,两个人情不自禁地拥抱在一起。戴明盟哭了,热泪滚滚。张邦国的眼圈也红了,嘴里不停地说:"太好了!太好了!"

拿着通知书,戴明盟没有马上回家。

他来到江边,面对滚滚长江,他终于喊出了埋藏在心中许久的话:"啊!我要飞翔!我要飞翔!……"

涛声回应着他,鱼儿跃出水面祝贺着他……

他健步登上大佛寺的最高处,面对远处群山,仰望蓝天白云,伸开双臂,大声呐喊:"啊!我要飞翔!我要飞翔!……"

这青春的呐喊，在山峰间回响，在白云间回荡……

他飞跑着来到石门粮油站，把喜讯告诉了母亲。

母亲刘德宣捧着那份鲜红的录取通知书，高兴地哭了，喃喃地说："孩子，你飞吧，你飞吧……"

父亲戴雨林知道消息后，也笑开了花。

戴明盟去报到那天，父亲把他送到了重庆火车站，并给了他五十元钱，深情地嘱咐道："孩子，在外面好好照顾自己。努力学习，早日飞上天。"

戴明盟提着简单的行装，看着父亲消瘦的脸庞和早生的白发，说："爸，你也要照顾好自己，注意身体，少抽烟，少喝酒。"

戴雨林突然发现，儿子仿佛一夜之间长大了，变得懂事了，但他还是不放心，又叮嘱儿子道："在部队好好干，听首长的话，和战友们搞好团结，不要贪玩，不要顽皮。"

"嗯！"戴明盟点点头说，"爸，你放心，我不会给你们丢脸的。"

车要开了，戴明盟踏上车厢，那一刻，突然有一种

中国精神 我们的故事

刀尖上的舞者
——"航母战斗机英雄试飞员"戴明盟的故事

不舍的感觉涌上心头,沉甸甸地往下坠。这是对故乡的留恋,对父母的留恋,对亲朋好友的留恋,对师长同学的留恋……

汽笛长鸣,列车开动。戴明盟抬起车窗探头向后看,他看到父亲一只手高举着,另一只手在抹眼泪……

父亲的这两只手深深地铭刻在他心中,激励着他,陪伴着他。

列车驶出好远好远了,已经看不见父亲了,戴明盟这才端坐在座位上,稳定了一下情绪,心儿开始飞向了那未知的远方……

列车向东方,车轮声铿锵有力。在他听来,那节奏、那声响,分明是:"我要飞翔!我要飞翔!"

第二章 万类霜天竞自由

惜别"歼-8"

空军第二基础飞行学院在河北保定。保定市是个历史文化名城,位于太行山东麓,冀中平原西部。戴明盟走出乡关,到保定报到。迎接他的是接二连三的下马威,虽然他对部队生活有了一定的思想准备,但没有想到这么严格,这么艰苦。

戴明盟是这个学校的第32期学员,他被分到3队3班,队长叫李广泛。这是一位"黑脸"教官,辽宁人,高高大大,紫红脸庞上透着不怒而威的神色。

分了宿舍,领了军装,队长拿着花名册开始集合点名。3队共有97名学员,3班10人,按职务、按个头依次排序为:班长董相水、仲伟红、戴明盟、刘兵、彭礼赞、李

中国精神 我们的故事

刀尖上的舞者
——"航母战斗机英雄试飞员"戴明盟的故事

胜利、迟晓春、郭耀广、邹正茂、副班长张磊。

一个个叫下来,只听一声浑厚的声音喊道:"戴明盟!"

"哎。"戴明盟习惯性地答应。

"不对!应该答'到'!"

"是!"

"戴明盟!"

"到!"

点名后,李广泛队长在队列里来回走了几趟,解散后留下了一些人,其中就有戴明盟。这让戴明盟心里有些忐忑,心中暗想:队长留下我们干什么?

他没想到,队长像变戏法似的拿出一套理发工具,要给他们理发。戴明盟有一头乌黑发亮的头发,报到前还专门到理发店修剪了一番,没想到让队长几推子下去,就给理了个"超短板寸"。

队长边理边幽默地说:"我的理发手艺在咱们学校可是出了名的,别人想理,那都要请几次,有时间才能去。

理这样的板寸，起码有三大好处：一是符合军容风纪要求，军务部门检查个个能过关；二是好洗头，洗脸时就捎带上了；三是小伙子显精神，增加回头率。"

说话间，头发就理好了。此后，这种头型就伴随着戴明盟成长，直到如今，他已经是正师级职务、大校军衔，理的还是这种"超短板寸"。

理完发，队长挥挥手，对他们说："利利索索干活去！"

戴明盟曾经无数次在脑海里勾勒跨进军校生活第一天的情景，但没想到是从"头"开始的，并且是队长理的发。

从第二天起，他们就进入了紧张艰苦的军训。

这是快速实现"由民到兵"转变的必由之路。

站军姿，太阳底下立正挺立半个多小时，汗湿脚下土；踢正步，来来回回大半天，脚上磨血泡；练长跑，每天早晚不少于5000米，腿像灌上铅；转旋梯，一上去就是上百圈，天旋地又转……

转入理科学习前，李广泛队长做动员。

他上来就高声问："前一段训练，苦不苦，累不累？"

中国精神 我们的故事
刀尖上的舞者
——"航母战斗机英雄试飞员"戴明盟的故事

"不苦!不累!"学员们士气高昂地回答。

"不苦不累是假,但我可以明确地告诉大家,进入理科学习更苦更累。'苦不苦,想想红军两万五;累不累,想想革命老前辈。'同学们,我们飞上天的路还很长。不要认为,进入航校就进入保险箱,就能人人开飞机。我不是给你们泼冷水,等你们从我们基础学校转入飞行预科学校时,有三分之二的人就不错了,有三分之一的人能真正成为飞行员就算成功。这是一场拼体力、拼智力、拼毅力的战斗,我希望你们人人都是胜利者,不要在战斗中被淘汰。"

戴明盟又一次听到"淘汰"二字,心猛地往下一沉。

李广泛队长说得没错,学理科更苦更累。军训虽然苦,小伙子们睡一觉,就恢复了体力精力。可学理科不行,大学四年的课程一年就要学完,简直就像"填鸭子",一堂课接着一堂课,大学语文、高等数学、热力学、空气动力学……一门接着一门,许多同学都说:"谁上课不打瞌睡,就是英雄。"

戴明盟知道自己理科基础薄弱,硬是咬牙坚持了下来。

他说:"这是对我们意志品质的磨炼,经过那段时间,我们渐渐不觉得苦不觉得累了,反而感到体力和精力都特别旺盛。"

年轻人体力和精力确实特别旺盛。每天课余时间还组织打一场篮球赛,晚上熄灯前,还会进行一次"精神会餐",讨论一番对未来的憧憬。

在3班,最统一的目标是人人都想飞战斗机,并且是要飞就飞最先进的飞机。当时空军装备的最先进飞机是歼-8。

郭耀广每次都说:"我就飞歼-8,敌人胆敢犯我领空,我驾机迎敌,一个回合就揍它个倒栽葱!"他不仅睡前说,还常常在睡梦中说。有时,战友们会被他的梦话惊醒。"我要飞歼-8,我要飞歼-8!俯冲、开火、扫射,嗒嗒嗒……"听的次数多了,战友们给郭耀广起了个外号:"歼-8"。战友们之间只要一喊"歼-8",就知道叫的是郭耀广。

刀尖上的舞者
——"航母战斗机英雄试飞员"戴明盟的故事

但是,郭耀广在转入飞行基础训练体检时,血压偏高,被残酷地淘汰了,转入参谋班学习,他的飞行梦破灭了。

分别那天,郭耀广哭了。戴明盟和战友们都眼含热泪。戴明盟在心中默默地说:"郭耀广,我的好战友、好兄弟,我一定要飞上天,替你圆了这个梦!"

跳伞遇险

1991年6月,戴明盟第一次登上飞机,进行跳伞训练。

学习跳伞,这是飞行员必须要掌握的一项基本技能。半个月前,他们来到伞训大队,开始基本动作训练。跳出舱门、操纵、落地,特别是腿部力量和接地姿势的掌握,要精确到位,防止受伤。有的学员在地面高台上练习跳跃时,不小心弄伤了膝盖,非常可惜地被淘汰了。戴明盟一切顺利,很快在地面上掌握了跳伞技能。

那天,风和日丽,他们登上的是一架运输机。

戴明盟上了飞机,眼睛好像不够用了,看什么都是新鲜的,激动取代了紧张。

起飞了,发动机轰鸣,跑道上卷起一阵旋风,速度越

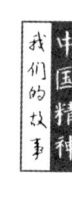

中国精神 我们的故事
——刀尖上的舞者
"航母战斗机英雄试飞员"
戴明盟的故事

来越快,飞机一昂头,直上800米以上高空。戴明盟似乎还没完全从兴奋中回过神,飞机已到达预定跳伞地域的上空。

这天,戴明盟排在第三个。

教员又重复了一遍跳伞要领,指挥学员们往下跳。

第一个跳下去了。

第二个跳下去了。

戴明盟站到舱门前,他虽然有点紧张,但并不害怕。

"跳!"教员发出了口令。

戴明盟一跃而出。

他张开双臂,拥抱着白云。

他看到下面有两朵绽开的伞花,是先跳的战友为他探路。他还看到碧绿的大地在迅速抬起,似乎在急切地迎接他。耳畔风声呼呼作响,他有点纳闷,下坠得怎么这么快;转眼间,他超过了第二个跳伞的战友,一刹那,他又超过了第一个跳下去的战友……

"3号,3号,检查你的伞,检查你的伞!"耳机里传来地面指挥员焦急的呼喊。

戴明盟抬头一看,不由得惊出一身冷汗:主伞没有完全展开,伞绳缠住了伞翼,人像块肉疙瘩嗖嗖地往下掉。危险,万分危险!生死关就横在他的面前。

"打开备份伞!打开备份伞!"指挥员下达指令。

这一刻,戴明盟没有慌张,显得十分沉着冷静,他按照训练时的"压、拉、勾、夹"几个要点进行操纵,只听砰的一声,伞花在蓝天上圆满地绽放。

戴明盟安全落地,大家都跑过去迎接他。

伞训大队大队长拍着他的肩膀说:"好小子,不错,不错!感觉怎么样?"

戴明盟一边收拾伞具,一边平静地回答:"还可以。"

伞训大队大队长一听乐了,笑着问:"哈哈,你还跳不跳?"

"跳啊,怎么不跳!"戴明盟很自信地回答。

按照学校安排,这次训练每人跳三次。

"好啊!"伞训大队大队长更乐了,大手一挥,"把我

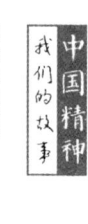

的伞拿去,用我的跳。"

戴明盟乐呵呵地抱起大队长的伞包,朝学员集合点跑去,等待飞机第二次起飞。

伞训大队大队长冲着他的背影喊:"好好跳,跳好了我给你申请嘉奖!"

戴明盟临危不惧,顺利地完成了这次跳伞训练。实际上,无论是学校领导,还是队干部及教员,一谈及戴明盟的这次跳伞,都有点后怕,要是万一他在空中慌张了,打不开备份伞,后果将不堪设想。大家都夸他心理素质强,是个飞行的好苗子。

可戴明盟却觉得这没什么,很平常,只不过空中出了点小状况。

遥祭父亲

冬走了,春来了。转眼间,到了1992年4月。

戴明盟这期学员在古城保定的学习训练接近尾声了。他们之间最热门的话题,是下一步转到空军哪所飞行学院继续深造,学习开什么样的飞机。

军中有句老话:"新兵盼信。"那时候,通讯不发达,没有手机,更没有QQ和微信,和家中联系基本上靠写信;有急事了,或发电报,或到邮局排队打长途电话。

戴明盟很长时间没有收到家信了,给父亲写过两封,也没见回。妹妹戴穹过了春节后来了一封信,说是父亲身体不太好,这使他有点牵挂,也不知父亲现在怎么样了。

这一天,大队文书取报纸回来,分发信件。戴明盟接

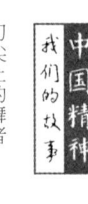

刀尖上的舞者
——"航母战斗机英雄试飞员"戴明盟的故事

到在成都工作的叔叔的来信,这让他有点喜出望外。可没看几行,他的头嗡的一下就大了,眼直直地傻在那里。叔叔在信中说:一个月前,戴明盟的父亲因病不幸去世,今后有什么事,让戴明盟直接写信到成都,他会尽到叔叔的责任的。

不知过了多长时间,戴明盟才从这巨大的震惊、巨大的悲痛中回过神来,哇的一下哭出了声。他边哭边喊:"不会的,不会的!这不是真的,这不是真的!"

是的,他不相信,也不愿相信。父亲还这么年轻,才四十多岁,怎么可能说走就走了呢?

在领导和战友们的劝慰下,戴明盟擦干眼泪,来到保定邮局,给母亲刘德宣拍去了一封求证的加急电报。

一天过去了,母亲没有回音。

戴明盟心急如焚,寝食不安,又追发了一封电报。

母亲强忍悲痛,打长途电话将丈夫戴雨林病逝的前前后后都一一告诉了儿子。

原来,戴雨林独自一人在外工作,又不知道照顾自己，身体一直不太好，他也没放在心上。送戴明盟上学后不久，单位组织体检，戴雨林被查出来肝部有问题，医生怀疑是肝癌，后来经过反复检查，确诊为晚期。当时，刘德宣就提出让戴明盟请假回来看看，可戴雨林坚决不让。他批评妻子说："你怎么这么糊涂？孩子正是学习的关键时期，让他回来看我，误了他的学习，我的病又好不了，有什么用？"后来，他还反复说，不准把他得病的事告诉戴明盟。

又一个春节来了，戴雨林的病情愈来愈重，肝区疼痛时他用拳顶着，咬着嘴唇不哼出声。好在当地的一位老中医给他配了几副草药，为他减轻了不少痛苦。只不过他拿出儿子穿军装的照片越来越勤了，常常凝视良久，脸上露出自豪的笑容。那一刻，病魔也仿佛离他而去了。刘德宣知道他想儿子了，又一次提出让戴明盟请假回来看看。

戴雨林摇了摇头，坚定地说："不行！不能分散孩子的精力。"

进入3月后，戴雨林的病情愈来愈重，有时还陷入昏

迷之中。9日这天下午,他从昏迷中醒来,叫了一声"犇犇"。

刘德宣抓住他的手,含泪问:"你找孩子?有什么事要交代吗?"

"告诉儿子,要好好飞。国家的事大,家里的事小,任何时候、任何情况下,都不要因家事分心。自古都说,忠孝难以两全,他为国尽了忠,就是最大的孝。"

"好。"刘德宣点头。

"我这次如果走了,先不要告诉他。记住,谁也不能告诉他!记住,不要告诉他!"戴雨林反复叮嘱。

刘德宣含泪答应。

"如果这次挺过来,我能亲眼看看儿子开着飞机,飞到咱家上空转几圈,那该多好啊。如果这次我真的走了,就在九天之上看着儿子开飞机,保佑儿子开好飞机……"那一天,他的话特别多,是脸带笑容、满怀希望再次陷入昏迷之中的。

可他再没有醒来。

母亲遵从父亲的叮嘱,一直瞒了戴明盟一个多月,直到叔叔写信向戴明盟透露了消息。

这天晚上，戴明盟悄悄走出宿舍，来到大操场，对着家乡的方向，庄重地给父亲磕了三个响头。那一刻，他泪如泉涌，心如刀绞。他俯身扑倒在操场上，似乎趴在父亲宽厚的脊背上，儿时与父亲在一起生活的情景，如放电影一般闪现在脑海中。

"爸啊，您走好！您的话儿子记住了，为国尽了忠，就是最大的孝！我一定飞出来，飞出来！"

戴明盟擦干泪，一跃而起，他仰望西方的天际，群星闪烁，他觉得最亮的那颗像父亲的眼睛，一直在凝望着他，激励着他……

他对着那颗星星敬了一个标准的军礼，然后迈着坚定的步伐走了回去。此时，他浑身充满了力量，信心百倍地准备迎接明天的战斗……

大漠"练翅"

明天的战场在何方?

在边疆,在大漠戈壁之上。

1992年9月,戴明盟在空军第二基础飞行学院顺利结业,前往"中国人民解放军空军第八飞行学院"学飞行。这个学院,人们习惯简称为"八航校",新中国成立之初就成立了。八航校位于新疆哈密。没去之前,戴明盟和战友们对哈密最深的印象,恐怕就是哈密瓜了。哈密是一个地级市,位于新疆东部,是新疆通向内地的要道,自古就是丝绸之路的咽喉,有"西域襟喉、中华拱卫"和"新疆门户"之称。它地处天山尾部,东天山余脉横贯全境,将哈密分为南、北两个封闭式盆地。山北是巴里坤盆地,森林、草原、雪山、冰川浑然一体。山南是哈密盆地，是冲积平原上的一块绿洲，被气势磅礴的戈壁大漠环抱萦绕。

戴明盟在初级教练机团学飞行时，一开始并不顺利，起因是在空军第二基础飞行学院结业时鉴定书结尾的一句话："希望今后加强组织纪律性和作风养成，克服松散稀拉的毛病。"当时戴明盟并不知道，只是觉得领导看他的眼光有点异样，管得也十分严，直到毕业分配时，他才了解事情的缘由。

至今说起来，戴明盟还觉得委屈。他说："我到现在也不明白，他们当时为什么说我有点'吊不啦叽'的。我'吊'在哪里呢？可能是调皮捣蛋吧，那时候小，不懂事。话说回来，人在年轻时受点委屈、受点挫折是好事，可以提醒你注意自己的言行，减少不知天高地厚的傲气，使你健康地成长。"

戴明盟被分到1大队3中队，学飞初级教练机。由于档案上有这么一笔，被列为"重点人"，从大队到中队领导都特别"关照"这个"捣蛋兵"。

刀尖上的舞者
——"航母战斗机英雄试飞员"戴明盟的故事

第一个带飞的是中队长刘俊奇,河北人,身材胖胖的,平时眼睛爱眯着,可他一上飞机,眼睛就亮了。

这是戴明盟第一次驾飞机,心儿怦怦狂跳着,按捺不住,仿佛要蹦出喉咙眼儿。当他在刘俊奇中队长指挥下,开车、滑出、拉杆、起飞,一下子脱离大地之时,他的眼睛一下子湿润了。他多想大喊一声:"我飞上天了!"可他又忍住了。戴明盟知道,这只是自己迈出的很小一步。

刘俊奇中队长是个很负责任的飞行教官,他不仅认真地教戴明盟飞行操纵技术,还不时地询问他身体感觉怎么样,是否犯迷糊等。

戴明盟一上飞机,一握驾驶杆,就感觉特别好,觉得自己就适合干这个,就是为飞行而生的。虽然这只是一次体验飞行,他有点晕眩,但他顶住了,没有"交公粮"。

"交公粮"是一个特殊名词,指初学飞行时的呕吐。许多学员经不住飞机在气流中的上下颠簸和左右摇摆,把之前吃过的食物会吐出来。为此,人人都准备了一个塑料袋,塞进飞行靴里。吐得厉害的,那可是鼻酸泪流脸色青，肠搅胃翻胆汁倾呢。

通过一个阶段的带飞，马上要转入放单飞阶段了。但是，戴明盟的飞行之路充满了坎坷，差一点被淘汰。虽然中队长和教员认为戴明盟飞得还可以，但由于档案上的那一笔，个别领导对他今后的发展还是存有怀疑，将他列入拟淘汰名单。最后决定，由团长带飞，检查他一次，看他是否有培养前途。

一听说团长要亲自带飞，戴明盟有点紧张。

刘俊奇中队长为此专门给他打气，对他说："你不要怕团长。他飞起来不认人，只看技术。我相信，你会闯过这一关。"

大队长马友才也在一旁激他："你要想当一只鹰，就放开手脚，大胆去飞。"

"我当然要当鹰！"戴明盟的斗志被激发出来了。

刘俊奇中队长又提醒他："你要把握团长检查讲评的特点，如果在飞行中团长批你这也不好那也不好，你千万不要慌，这说明你飞得不错，有培养前途。如果团长在飞

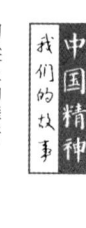

刀尖上的舞者
——「航母战斗机英雄试飞员」戴明盟的故事

行中很少说话,只是说你飞得不错,好好飞,这就坏了,恐怕要被淘汰。"

戴明盟点点头,信心更足了。

团长叫卢建华,高高的个子,赤红色脸膛,腰板笔直,是一位标准的职业军人和经验丰富的飞行教官。

带飞检查那天,是个艳阳高照的上午,碧澄的蓝天没有一丝云。已做好飞行前准备的戴明盟,心情也如这天的天气一样,清澈如洗,无一丝杂念。

一切按计划,准时起飞。戴明盟跨入前座舱,团长在后座。

"砰!"一颗绿色信号弹呼啸着跃上晴空,戴明盟规范地开车,滑向主跑道,刹车检查,然后请示报告,驾机跃上了蓝天。

这天的天气挺有意思,空中有两层风,50米以下一层,50米以上一层,左右侧风还不一样。戴明盟按照飞行规程、根据气象条件,修正着起飞角度,然后又按照飞行要领推油门、拉高、收起落架、转弯等,一切顺利。

他们在空中飞了一段时间后,调整航向,进入返航阶段。

卢团长今天的心情也似乎特别好,他没有过多地讲评戴明盟的飞行动作,只是这样说:"一个优秀的飞行员,不仅空中要飞得好,还要落地漂亮,对正跑道、安全降落非常关键。我给你做个示范,你体会一下。"

团长示范之后,戴明盟学着去飞,转弯、下降高度、对准跑道、收油门,这时只听团长叫了一声:"好!"随后命令:"降落。"

飞机很平稳地接了地。

团长打开座舱盖时,对戴明盟说:"跑道对得很正,飞得不错,好好飞。"

戴明盟一听此话,心里咯噔一下,他想起中队长刘俊奇的话,团长这是夸赞的口气啊,不太妙呀。

戴明盟忐忑不安地跟着团长回到休息室。

团长招招手,对大队长马友才说:"这小子飞得不错,不要停飞,是个飞行的好苗子。"

> 中国精神 我们的故事
> 刀尖上的舞者
> ——"航母战斗机英雄试飞员"戴明盟的故事

团长一锤定音。

戴明盟一颗悬着的心,这才放了下来。他没想到,团长这次带飞检查讲评,没按常规出牌。

"预祝单飞圆满成功!"大幅标语非常醒目。

这天上午,机场塔台下道路两旁,迎风招展的红旗和五颜六色的黑板报交相辉映。节日般的气氛提醒人们,飞行学员放单飞的时刻到了。放单飞,就是学员自己驾着飞机起飞、降落,没有了教员的保驾。这是件大事,充满了风险。这既是飞行学员奔向蓝天的必由之门,也是一道生死关。上上下下都很重视,特别是安排第一批,要慎重、慎重、再慎重。放单飞时,戴明盟是第一批,排在第三名。团长没有看错,戴明盟顺利地跨越了这个门,闯过了这道关。

此后,大队指派教员刘立新专门带他,一直带到飞完初教机的所有课目。刘立新教员是河北保定人,飞行技术好,但脾气大,对戴明盟要求非常严格。

有一次飞编队,戴明盟飞僚机。返航时队形拉得较大，两机间隔有点远。落地后，刘立新一屁股坐到机翼下，也不说话，脸色非常难看。戴明盟立正站在他面前，等着挨批。良久，刘立新的火才发出来："你这叫飞编队吗？叫跟队！你飞得什么玩意儿？"

还有一次，返航后落地。这天有点顺风，滑行到第一个脱离口时，戴明盟没掌握好，速度过大，他急忙刹车，轮胎上冒出一股青烟，这非常危险！飞机刚刚停稳，刘立新教员就火冒三丈地训斥上了："你这是拿自己的命开玩笑！"戴明盟知道自己错了，垂首站着，让教员骂了个狗血淋头，出了气才算完。

冬去暑来，戴明盟在初教机团一年多的时间里，空中飞了130多小时，打下了坚实的飞行基础。这里气候条件不好，冬天奇冷，夏天酷热，飞出去就是大漠戈壁，但这里天高云淡，适合飞行的好天气多，可以让戴明盟和战友们尽快地练硬翅膀。

教员要求严格，有时态度甚至有点粗暴，但戴明盟始终心存感激，正是有了刘俊奇、刘立新等教员的带教，才

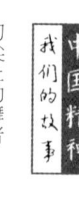

使他越飞越高、越飞越稳、越飞越精。

刘立新教员后来转业到民航,戴明盟与他始终保持着联系。

戴明盟充满感情地对我说:"这是恩师,不能忘。"

在转入高教机团的前一天中午,他和刘立新教员顶着似火的骄阳,又一次来到留下无数个印痕的跑道上。这里充满了困苦和欢乐,也洒下了许多泪水和汗水,让人难以忘怀。两人并肩伫立,久久遥望着天山高峻的山岭,那里夏季依然白雪皑皑,闪烁着银光,是童话般的冰雪世界,云雾缭绕下更让人感到神秘。

戴明盟说:"刘教员,您放心,总有一天,我会飞越天山来看您。"

刘立新教员没有说话,只是重重地拍了拍他的肩膀。

飞越凉州

两千多年前,一个叫张骞的人率队渡过了黄河,进入了苍茫的沙漠戈壁,他的最终目标是要去往西域。在史书里,此行被称为"张骞出使西域"。他们一行依靠太阳和星星辨认方向,日夜兼程,途经的绿洲在日后都被汉武帝一一规划为城池,其中四座最大的郡城连成一线,串接延展在山脉,千里夹峙。"河西四郡"第一郡,就是武威,在古代它还有一个名字叫"凉州"。

戴明盟学飞高级教练机,是在空军第五飞行学院某训练团第一飞行大队。

戴明盟的带飞教员叫袁克明,山东人,瘦高个儿,身体素质好,是位帅气的年轻人,仅比戴明盟大六岁。打篮

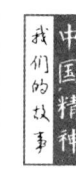

刀尖上的舞者
——"航母战斗机英雄试飞员"戴明盟的故事

球时,袁克明不仅投篮准,传球妙,还跑得飞快,如同他高超的飞行技艺一样,这让戴明盟从心底里佩服。戴明盟跟着他学飞行,一切都顺风顺水,没有什么大的波澜,只不过练得更苦,要求也更严格了。

仅过了一个多月,袁克明教员突然对他说:"小戴,不要做飞行前准备了。"

戴明盟心往下一沉,惊讶地问:"怎么啦?"

袁克明教员黑着脸告诉他:"安全整顿,3团出事了。"

"出了什么事?"

"一等!"

这里我要给大家解释一下:所谓的"一等",就是一等事故。在飞行部队,事故分为三等。简单明了说:一等事故就是机毁人亡;二等事故就是飞机损毁,飞行员安全;三等事故就是飞机受部分损伤,飞行员没事。

在前一天下午的飞行训练中,一位飞行学员在飞穿云下降课目时,未能控制好飞机,发生了一等事故。为此,学院决定:全院进行安全整顿,查问题,找隐患。

事故虽然发生在兄弟团,可对戴明盟的身心震撼很大,冲击很强。虽然戴明盟早就知道,飞行事业风险大,淘汰率高。从一个高中生到一名优秀的飞行员,需要付出多大的艰辛,没有人能说得清。与他一同招飞的97名飞行学员,在预校培训期间就淘汰了50个;到了飞行学院,又有许多同学因身体、技术、适应能力等各方面的原因,未能冲出淘汰的围城,真正飞出来的可能不到三分之一。可是,飞行安全问题离他如此之近,生死考验就摆在面前,戴明盟还是第一次经历。上一次跳伞遇险,他还有股初生牛犊不怕虎的蛮劲,没有想这么多。这一次,战友牺牲的残酷现实,让戴明盟久久不能平静,思想斗争非常激烈,想了很多很多。他坦诚地对我说,他甚至动过要求停飞的念头。正巧,那时因父亲去世,家里遇到了困难,可以找出理由。

连续几天,戴明盟心神不宁,脑海里像有两个小孩在吵架,最后,终于有一个占了上风。他不停地在问着自己:遇到风险,我能退却吗?不能,不能!内心里有股力

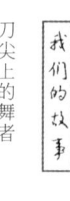

量在推动着他,并发出无声的呐喊。

戴明盟忘不了,父亲临终都不愿分散他学飞行的精力,期望他早日飞上蓝天。戴明盟忘不了,祖国为了培育他们创造各种条件,人都说,培养出一个飞行员,所付出的经费黄金等身。戴明盟忘不了,酷暑季节,在大漠之上练飞行,空气中就像着了火,飞机蒙皮挨着皮肉会把人烫得跳起来;数九寒冬,在戈壁滩上学技术,冷风如刀,仿佛能割掉人的耳朵和鼻子……经过整整三个春秋,一千多个日夜,当初的"蛹"马上就要羽化作美丽的"蝶",不能让自己的努力和付出化为泡影。戴明盟更忘不了,一级级领导、一位位教员、一个个战友,为了一个共同的理想,付出了无数的心血和汗水……

有位诗人这样写道:"当一群人,为一个理想而献身的时候,山岳是何等的崇高,天空是何等的湛蓝,因为她的身上,有一个伟大的历史担当!"

理想是人生的太阳,是事业的风帆。一个人树立什么样的理想,决定着人生的方向和成就。

"我的理想是什么？是献身祖国的航空事业，当一名优秀的空军飞行员。我的担当是什么？是捍卫国家主权不受侵犯，保卫祖国领空安全，当战争真的来临那一天，不惜献出热血和生命。"这是戴明盟反复思考后得出的答案。

在"安全整顿月"期间，戴明盟向党组织递交了入党申请书。他坚定地写道："祖国和人民选择了我们，我们绝不能辜负祖国和人民。为了理想，我将义无反顾、一往无前；为了信仰，我愿鞠躬尽瘁、九死不悔……"

每跨越一次挑战，人生就积攒一份历练和收获。

每历经一次磨难，灵魂就得到一次净化与升华。

戴明盟少年时代萌发的英雄梦，更加鲜明地发出璀璨的光芒。英雄梦，是军人心中生生不息的火种，是军队能打胜仗的刀锋利刃。

怀揣着英雄梦，1994年9月，戴明盟光荣地加入了中国共产党。

怀揣着英雄梦，1994年11月，戴明盟飞越凉州，编入中国人民解放军海军航空兵的鹰阵……

第三章 欲与天公试比高

砺剑雄关

海军航空兵,是海军的一个兵种。

中国海军航空兵,伴随着共和国成立的礼炮应运而生,有着光辉的历史和战绩。但是,由于不了解情况,至今还有许多人把海军航空兵与空军混为一谈。

没有制空权,哪有制海权?

1952年1月8日,毛泽东主席亲笔签署:成立中国海军航空兵。毛主席有力的笔触,立即拨动了共和国三军的神经,多支历经战火淬炼的英雄部队,划归海军航空兵。海军航空兵正式成立后不久,1954年3月18日,某团副大队长崔巍、中队长姜凯奉命出击,首战告捷,以2∶0的战绩,打响了海军航空兵作战史上的海天第一炮。随后,我海军

刀尖上的舞者
——"航母战斗机英雄试飞员"戴明盟的故事

航空兵越战越勇，越战越强，连连告捷。20世纪60年代中期，中央军委命令海军航空兵组织部队赴海南轮战，第一次在国土上空与外国飞机进行较量，先后击落犯我领空的美高空无人侦察机和舰载攻击机，取得了9∶0的辉煌战绩。截至目前，海军航空兵的空中和地面部队，共取得了击落敌机239架、击伤敌机181架的骄人战绩，涌现出了王昆、王自重、舒积成、王鸿喜、崔巍、姜凯、高翔等一大批战斗英雄和功臣。

戴明盟这批学员，共毕业了30名，一半分到空军，一半分到海军航空兵。戴明盟本来可以留校任教，但他坚决要求到战斗部队，到海军航空兵飞歼击机，到大海之上的蓝天翱翔。分到海航部队，首先要到训练基地进行改装，适应海上飞行。训练基地是半部队半院校性质，从院校毕业的学员要在这里淬火加钢，才能分到战斗部队。

戴明盟被分到某训练团1大队，由副大队长李永军主要负责带他。训练团的驻地在举世闻名的"天下第一关"山海关。东方传统文化中，山聚仙乃奇，海藏龙而神，关踞险为雄。在中国，唯一一个以山、海、关合并命名的地方就是山海关。

大海的胸怀是宽广的，大海的景色是壮丽的。可对于戴明盟来说，对于第一次在海上飞行的新飞行员来讲，首先要闯过的关隘是防止"错觉"。海上飞行和陆上不一样。陆上飞行有地面标志，也就是人们常说的"地标"。山峰、河流、村镇、城市、大树、楼房、灯光等，都可以作为判别高度、航向的参考。在茫茫大海之上飞行就不行了，天海一色，天上飘着云，海里倒映着云，几个战术动作下来，侧飞、筋斗、爬高，时间一长，就很难分清天与海了。特别是飞夜航，天上繁星一片，海中一片繁星，天上有个月亮，海里也有个月亮……因此，带飞教员反复强调："不能凭自己的感觉，要相信仪表，要相信仪表！"

戴明盟和战友们知道，这是用血的代价换来的教训，他们个个都牢记住了，顺利地闯过了这一关。

然而，干任何事情都不可能是一帆风顺的。飞行，是高风险的事业，随时随地都可能有凶险埋伏在航路上。

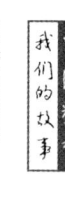

刀尖上的舞者
——"航母战斗机英雄试飞员"戴明盟的故事

这一天,飞双机复杂气象特技。

带飞戴明盟的是副团长崔玉忠。这是位经验丰富的优秀飞行员,在海天上搏击了许多年,许多羽翼未丰的"雏鹰"在他的带飞下,一个个振翅海天,迅速成长。

戴明盟早早地来到机场,与另一架飞机的战友,认真地进行了一次地面模拟演练,和崔玉忠副团长又进行了一次协同。在飞行准备时,对飞机在空中有可能遇到的特殊情况,飞行员要提前进行各种预想,并做好各种处置预案。只要在地面上认真准备了,一般都没有什么大问题。

开飞了,伴随着涡轮发动机巨大的轰鸣声,大地在震颤。

戴明盟很自信地操纵着飞机,冲向海天。

做了一组战术动作后,戴明盟扫了下眼前的仪表板,转速表正常,温度表正常,高度表正常,地平仪正常……

这时,后座带飞的崔玉忠副团长提醒道:"你看一下液压表,怎么突然下降了?"

戴明盟闻听,急忙看液压表,果然,指针像被什么坠住了似的,一个劲儿地往下掉。他报告道:"报告,出现故障,液压下降。"这是他飞行以来空中第一次遇到特殊情况,未免有些紧张,报告时声音有点颤。

崔玉忠副团长很冷静地说:"不要慌张。返航,按照特情预案处置。"

歼击机上的液压系统,主要功能是保障飞机起落架的收放。大家都知道,飞机起飞到一定高度时,要将起落架收起来,减小飞行阻力,以便更快地提升飞行速度;当飞机返航对准跑道准备降落时,要放下起落架,这样才能用轮胎接地。另外,为了保证飞行安全,飞机上还装有一套冷气收放系统,当液压系统发生故障时,可以应急收放起落架。

戴明盟驾驶飞机返航,降低高度,对准跑道。

崔玉忠副团长命令道:"应急放起落架!"

戴明盟右手握驾驶杆,左手伸向了应急按钮,只听咚的一声,前后三个起落架放下的三个指示灯瞬间亮了。他长长出了一口气,平稳地驾驶飞机落了地。

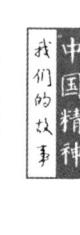

刀尖上的舞者
——"航母战斗机英雄试飞员"戴明盟的故事

戴明盟正确处理好了第一次空中特情,有惊无险地闯过了这一关。他也真正体味到"地面苦练,空中精飞"这句口号,为什么总做成标语矗立在机场各处,为什么常常挂在每个飞行领导和老飞行员的口上。

可是,有的战友并没有戴明盟幸运。就在他们即将完成改装任务,进入放单飞阶段时,一名同期学员低空掠过海面后,因飞得太低、离山太近,拉起时没有达到高度,一头飞进大山,发生了"一等事故"。这次血的教训,使戴明盟和战友们深刻认识到:"条令是铁,必须严格遵守;规章是钢,绝对不能违犯!"

人们常说,困难和挫折是人生最好的磨刀石。对于那些从一开始就有着坚定理想和明确奋斗目标的人们来说,非同寻常的困难和挫折乃至生死考验,却成为一种强大的支撑,支撑着他们勇往直前,不断夺取胜利。

苦练,苦练,当一名优秀的海空雄鹰!

精飞,精飞,做一把闪亮的海天利剑!

戴明盟和战友们没有退缩,砥砺前行,越挫越勇。理想在困难挫折和生死考验中更加坚定，意志在千锤百炼中更加顽强，目光在纷繁复杂的气候变幻中更加深远，飞行技术在精益求精中更加娴熟……

1995年11月，戴明盟等八名飞行员（除一名牺牲外，其他六名学员又因各种原因被淘汰），在训练基地顺利毕业，他被评为优秀学员。在毕业典礼上，他代表全体飞行员发言，满怀激情地说：

"各位领导和战友们，当我们穿上这身军装，就意味着肩负起神圣使命，报效人民；当我们成为一名光荣的海航飞行员，就意味着准备牺牲，献身祖国！在我们即将跨入战斗团队这一刻，我和战友们下定决心，绝不辜负各级领导和教员的期望，一定将英勇无畏、敢打必胜的精神植入灵魂和血脉，当一名合格的海空雄鹰！"

"火凤凰"

"当一名合格的海空雄鹰!"这是戴明盟奋斗的目标。

可在毕业去向公布之后,他多少有点失落。他没有分到声名显赫的"海空雄鹰团",而是分到东海舰队航空兵另外一个兄弟团。

前来接新飞行员的,是一位大队教导员,叫姚丹江。

姚丹江标准个头,很清秀,很精干,不大的眼睛总是透着笑,给人一种见面就很亲切的感觉。这是一位优秀的政工干部,曾经干过新闻,在报刊上发表过许多文章。

姚丹江和戴明盟一见面,就猜透了他的心思,笑问:"盟盟,是不是有点失落啊?"

"盟盟",戴明盟一听教导员这样称呼他,心里顿时有一种暖暖的感觉。

他羞涩地一笑,回答:"原想着能分到'海空雄鹰团'呢。"

"哈哈!没想到分到我们团,是吧?想到拳头部队,这是好事呀,那你就要先练硬拳头,在我们这个带有训练性质的战斗部队锤炼一番,才能跟上队。"

戴明盟点点头。

姚丹江又说:"再说了,'海空雄鹰团'近期接连有重大任务,顾不上培训新飞行员。你们先到我们那里练练翅膀,只要练好了,到一类战斗部队还是有机会的。"

戴明盟闻听此言,胸中那一丝丝带有失落的云雾,被姚丹江教导员和煦的话语吹散了,脸上绽放出灿烂的笑容。

1995年11月,戴明盟这只"雏鹰"飞向东南沿海一线,降落到浙江省的宁波市,成为东海舰队航空兵某团的一名飞行员。

宁波位于我国海岸线中段,长江三角洲南翼,东有舟山群岛为天然屏障,北濒杭州湾,西接绍兴市的嵊州、新

中国精神 我们的故事
——刀尖上的舞者
"航母战斗机英雄试飞员"戴明盟的故事

昌、上虞,南临三门湾,并与台州的三门、天台相连。宁波人文积淀丰厚,历史文化悠久,属于典型的江南水乡兼海港城市,是中国大运河南端出海口、"海上丝绸之路"东方始发港。

戴明盟被分到飞行1大队。巧的是,姚丹江是他所在大队的教导员。姚丹江虽然是政工领导,但人很随和,工作很到位,在工作和生活等方面都能和飞行员打成一片,他和戴明盟很快成为无话不说的好朋友。

1995年的夏天,戴明盟在训练基地毕业前,曾休探亲假回到江津石门镇老家,与一位女同学见了一面。两个人互有好感,相约经常联系。这埋藏在心底的小秘密,他也悄悄地告诉了教导员。这位女同学就是和他一直保持联系的江燕。

姚丹江提醒他:"部队有规定,新飞行员不能谈恋爱。盟盟,你要把握好度,不能分散精力哟。"

戴明盟嘿嘿笑着,表示:"教导员,你放心,我会处理好的。"

1996年8月7日,戴明盟分到战斗部队半年多了,飞行技艺也日臻成熟。

这天,部队组织飞行训练。

戴明盟的第一个起落,是和师副参谋长康仕俊一起,驾驶一架歼-6教练机,进行仪表课目训练,飞大航线。座舱位置是:康仕俊飞前舱,戴明盟飞后舱。对于他们俩来讲,这只是一个平常的飞行日。因为课目简单,两人都显得很轻松。

这天天气也不错,天高气爽,云淡风轻。

抓住好天气组织飞行,是部队的惯例。因此,开飞得很早,不到7时他们就上了天。

蓝天很美,海天更壮美。作为一名海军航空兵飞行员,戴明盟每次起飞来到海上,领略着这壮美的景色,每次都有独特的感受,每次都有一股豪情在胸中涌动。

起飞十几分钟后,加入空域。

他们正要按照预定课目进行飞行训练,突然,戴明盟

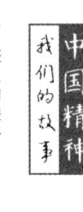

刀尖上的舞者
——"航母战斗机英雄试飞员"戴明盟的故事

所在的后舱里忽的一下冒出一股烟雾来,并弥漫着强烈的煤油味。

正全神贯注准备做动作的戴明盟,觉得不对劲儿,暗叫一声"不好",急忙向前舱报告:"52,52,我座舱里冒烟。"

康仕俊也发现了情况,回答道:"53,53,可能是油管破裂!"

他们一边向塔台指挥员报告"01,01,飞机故障",一边操纵飞机返航。

"高度?"塔台指挥员询问。

"4300。"

"速度?"

"800。"

这时,东方的太阳已经升起,朝霞染红了半边天。飞机似在火海里穿行,机身后半部喷出长长的火苗。

瞬间,飞机在剧烈抖动;

瞬间,发动机温度表直线升高,比正常时要高出一倍;

瞬间,烟尘弥漫了整个座舱,模糊了他们的视线……

紧急！情况万分紧急！

飞机很有可能在瞬间发生爆炸，酿成机毁人亡的惨剧！塔台指挥员看到这种情况，紧急命令他们："跳伞！"此时，从飞机高度和速度来讲，是跳伞的最佳时机。

可是，戴明盟和康仕俊的手都没有伸向跳伞按钮。

因为他们都知道，机翼下就是长三角南翼经济中心，浙江省经济中心。此刻，这座新兴的城市街道上车水马龙，正是人们开始一天新生活的时候。他们也更清楚，如果此时跳伞，无疑是向这座城市投下一枚重磅炸弹。不行！为避免伤及地面群众和重要社会设施，两人操纵着随时都可能爆炸的飞机，调转航向，向着城郊飞去……

街道上的人们，虽然并不了解情况，但他们看到了这样的一幕：一架军用战斗机，冒着烟，喷着火，宛如一只火凤凰，朝着郊外，朝着太阳奋飞！

指挥员也明白了他们的心思，再也没有说话，只是紧紧攥住了面前的话筒，也紧紧攥住了一颗狂跳的心。此时此刻，天地间一片寂静，整个世界仿佛凝固了，连空气都

中国精神 我们的故事

刀尖上的舞者
——"航母战斗机英雄试飞员"戴明盟的故事

紧张得如同绷到极致的鼓面,稍一触碰就会炸裂开来。

戴明盟紧张吗?紧张!

他们在紧张地寻觅中,终于发现前方有一块郊区农民的菜地,四周没有人在活动。戴明盟和康仕俊两个人这才相约,先后按下了弹射按钮。此时,飞机的高度仅有500米。

两朵伞花先后在空中张开之际,他们身后传来一声惊天动地的爆炸声,飞机瞬间解体了。

危险,万分危险!他们和死神擦了一下肩。

戴明盟跳伞后飘到菜地上空,低头一看,菜农们搭架用的竹竿,像刀戟,像长矛,一根根朝天耸立,危险依然存在。他借着风势,调整方向,避开竹竿,安全降落在菜地的水沟旁。只是在接地的一刹那,他的右脚踩到一块石头上,崴了一下。

他有点懊恼,心想:空中没事,别在地面上把脚踝给弄断了。他试着扭了几下,好在疼痛并不十分厉害,就收拾好伞包,一瘸一拐地走出菜地,来到路边。有位骑摩托车的正巧路过,戴明盟搭乘上去,直向飞机爆炸现场驶去。到了现场，戴明盟看到了康仕俊，很万幸，他只是胳膊受了点轻伤。

"飞机起火！飞机爆炸！飞行员受伤！飞行员牺牲！……"

到底怎么样？塔台指挥员、团领导和战友们，在紧急驰往事故现场时，虽不情愿但还是做了一定的思想准备。看到他们安然无恙地站在那里，车还没停稳，团长就蹦了下来，先是朝他们肩窝分别擂了两拳，然后又挨个抱着他们转了几圈。

他们简单地向团长汇报了一下情况。

团长挥挥手，对身旁的值班参谋说："回去再说，先把他们送回去休息。"

抢险车把戴明盟直接送回了宿舍。

刚到宿舍，教导员姚丹江就气喘吁吁地跑来敲门，大声喊着："盟盟，快，舰航首长要你去汇报。"

舰航机关离飞行团不远，一听说飞行发生了二等事故，司令员、副司令员等首长就赶了过来。

戴明盟听后不紧不慢地对姚丹江说："好的，您等一下。我去洗一洗，换身衣服就去。"

姚丹江当时非常惊讶，暗想：这小子是个人物，遇到这种情况还如此冷静，真有大将风度，前途不可限量。

戴明盟向首长汇报后，到医院做了24小时观察，然后又进行了一次全面体检。当时，他还不愿意去，说没什么事，不用检查，是被姚丹江逼着去的。

他从医院回来的第二天，就找到姚丹江询问："教导员，什么时候安排我飞行啊？"

姚丹江一愣，心中说：这小子和常人不一样！

因为有的人在经历过这种险情之后，心理上会有阴影，不愿再从事飞行职业，甚至产生心理障碍，一听到飞机的轰鸣声就会心颤腿抖，为此而改了行。可戴明盟作为年轻飞行员，并没有因为遭遇险情而胆怯，反而积极要求复飞，这令人非常佩服。

姚丹江给戴明盟让座倒水，半是开玩笑、半是真心话地对他说："急什么急，团里还没有研究呢。你要等一等，好不容易找了个理由,还不多休息几天,睡几个懒觉?"

戴明盟一听,有点着急,嚷道:"这怎么行?落下几个飞行日,我可就跟不上趟了。"

姚丹江故意绷着脸,没有理他。

戴明盟有点坐不住了,他站起身,在姚丹江这个不大的办公室兼宿舍里,搓着手,来回踱步。

姚丹江看他急成这样,扑哧一声笑了,对他说:"好啦,急成这个猴样儿,逗你呢。快去做飞行前准备,我向团里请示,争取让你参加后天的飞行。"

戴明盟一听高兴了,敬了个礼,跑了出去。

在后来的飞行中,戴明盟显得更成熟、更稳重了,很快被提升为中队长。

姚丹江也换了工作岗位,升任该团政治处主任。虽然不是戴明盟的直接领导了,但却一直关注着他的成长。

掠海斩浪,鹰击长空!

1996年11月,戴明盟被调到他向往已久的"海空雄鹰团"——海军航空兵某部第10团。

海空雄鹰

说起"海空雄鹰团",那可是海军航空兵响当当的王牌部队!

这是一个战功显赫的团队,在抗美援朝和国土防空作战中,以劣势装备击落、击伤敌机31架;这是一个充满传奇色彩的团队,曾创下了同温层作战、零高度歼敌、双机对头着陆等世界空战史上的8个第一;这是一个英雄辈出的团队,涌现出王昆、舒积成、高翔、王鸿喜等一大批著名战斗英雄和王牌飞行员。1965年12月29日,中华人民共和国国防部发布命令,授予该团"海空雄鹰团"荣誉称号。这是新中国成立后我军唯一一支被国防部命名的团级部队。毛泽东主席曾对这支英雄团队寄予过无限期望,倾注过深深厚爱,先后3次亲自点将调他们出征,25次接见该团的41名代表。从这些数字里,我们可以想象得出,这个团是何等的战绩辉煌、声名显赫。

"海空雄鹰团"的驻地不在大城市,而是在浙江沿海中部的一个镇。离开大城市,戴明盟却非常高兴。他觉得能到一个英雄团队,不仅可以学习掌握高超的飞行技艺,更大的收获是可以受到英雄精神的滋养。

戴明盟调到"海空雄鹰团",首要任务就是改装当时海航部队装备不久的歼-7先进战斗机。在飞行后的业余时间,戴明盟最常去的是团史馆。10团团史馆不大,当时只是一排平房,可戴明盟觉得:那里面耸立着一座座高山,那是团队创造的世界空战史上的8个第一;那里是一条奔腾不息的历史长河,一个个创造奇迹的前辈正列队而来……

那是1955年的夏天,10团刚归建海军不久,进驻刚修好的浙东前线机场也不久。海上制空权还掌握在台湾蒋军

中国精神 我们的故事

刀尖上的舞者
——"航母战斗机英雄试飞员"戴明盟的故事

手中,他们不时前来窜犯。

6月27日上午,团长张文清率队迎敌,交手中,3号机王鸿喜首先打得一架敌机凌空爆炸;张文清也果断开炮,将另一架敌机击沉大海;紧接着,大队长王昆神勇无比,将一架PBY型海上巡逻机送入海底,拉起来时的高度表指针为"0"!

一天打下3架敌机,威震海空,我人民海军终于夺回了浙东沿海制空权。毛泽东主席在接见英模代表时说,记住了王昆,记住了10团,祝他们多打胜仗。

1958年8月,台湾海峡风云突变,美国第七舰队的航空母舰在我沿海耀武扬威,配合"反攻大陆"的叫嚣。毛泽东主席亲自撰写了《国防部长告台胞书》,宣告炮击金门,同时决定在福州进驻航空兵,牢牢掌握台湾海峡的制空权。

谁能担此重任,在台湾海峡横刀立马?

国防部长彭德怀元帅首先想到了海航10团,毛泽东主席大手一挥说:"好,就派10团去。"

13日上午,机群刚降落福州40分钟,战斗警报拉响。

大队长马铭贤带队立即升空迎敌，在万里海空上演了一出"温酒斩华雄"的好戏，将两架RF-84F侦察机击落。欢迎宴会变成庆功会，福州市市长在致辞中说："福建解放几年了，但天空一直没有解放，今天你们才解放了福建天空！"

也是在同一年，台湾蒋军仗着美国送给的新型喷气式远程高空侦察机，多次从山东半岛窜犯大陆，其纵深到华北地区。毛泽东主席震怒，发出指令："全力以赴，务歼入侵之敌！"10团奉命北上，在1959年春节那天，胡春生、舒积成在12000米以上的同温层将敌机击落，创造了人类首次在同温层空战的奇迹！

1964年下半年，号称"西方战略眼睛"的美制RF-101型侦察机又开始对我浙江沿海进行侦察骚扰。毛泽东主席说："海军航空兵不是有个10团吗？派他们去一趟，怎么样？"时任副团长的王鸿喜率小分队秘密抵达，在12月18日将入侵的敌机击落，并生俘飞行员少校作战官谢翔鹤！

转眼到了1965年，南海狼烟四起，美国在侵略越南的同时，派遣军舰、战机犯我领海领空。毛泽东主席再次想

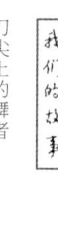

中国精神 我们的故事

刀尖上的舞者
——"航母战斗机英雄试飞员"戴明盟的故事

起了从不辱使命的10团,向有关部门询问"那个10团在哪里",并命令10团进驻海南岛,回击美军的入侵挑衅。10团的英雄飞行员不负领袖期望,捷报频传:王相一击落美军无人高空侦察机1架;舒积成接连击落2架,被授予"战斗英雄"称号;高翔、黄凤生与当时世界最先进的战机F-104格斗,上演了"空中拼刺刀"的壮举。高翔从距敌机291米处开炮,一直打到39米处才脱离,在敌机的爆炸声中凯旋。美军上尉飞行员菲利浦·史密斯,跳伞后被海南民兵生俘,在美国总统尼克松访华后被释放。高翔成为世界上第一个打掉F-104型战斗机的人,创造了世界航空史上短兵相接的奇迹!24年后,菲利浦·史密斯又来到了中国,他指名要会一会昔日的空中对手。

硝烟飘散,海天宁静。

在和平年代,"海空雄鹰团"依然雄风不减,时刻绷紧准备打仗这根弦。当战争真的来临那一天,新一代海空雄鹰同样可以"首战用我,用我必胜"。这是一支英雄团队的底气，这底气源自于远大的理想、坚贞的信仰、坚定的信念、必胜的信心、勇猛的作风、顽强的意志、高超的技艺、严明的纪律等综合在一起的海空雄鹰精神！

海天砥砺，风雨兼程。

戴明盟在这个英雄的团队里很快成长，他越飞越高，翅膀越练越硬。

这是一个司空见惯的飞行日，团里组织夜航训练。

夜色朦胧中的机场，宽大而深沉。

戴明盟与往常一样，认真做着飞行前的准备。

天渐渐黑了，突然，跑道灯齐刷刷地亮了，红的、绿的、蓝的、黄的、紫的……像灿烂的珍珠，编织成一个绚丽多彩的花环，镶嵌出一条通天的七彩路。

开飞了，戴明盟走向飞机。

开车，发出惊天吼声。

起飞，旋起动地狂风。

茫茫无际的夜空中，又多了一颗会飞的星。这颗星上

中国精神 我们的故事

刀尖上的舞者
——"航母战斗机英雄试飞员"戴明盟的故事

下舞动,左右翻飞,像是在硕大的宣纸上泼墨作画,又像是在巨大的稿笺上写诗,机身就是一支闪光的笔,航行灯分明就是会移动的标点……

戴明盟正飞得酣畅淋漓之际,忽然觉得飞机闹别扭似的抖动了一下,并向右侧偏转。他迅速扫了一眼仪表盘,发现右发动机温度急剧下降。他马上判断:右发动机故障,可能停车。

没有丝毫犹豫,他在瞬间伸手收回油门,关掉右发动机,并同时向塔台指挥员报告。

"报告!右发动机停车!"

塔台指挥员立即指示:"关油门。"

"关了。"

"检查左发动机工作。"

"正常。"

"高度?"

"5800。"

"返航。"

"明白。"

一台发动机工作的飞机,是很难操纵的,因为推力在一边,需要费力纠偏。对此,戴明盟很有把握。可是,单发着陆,他还没有经历过,要认真对待。他边往回飞,边在心中排列出几种应急处置方案。

到达机场上空了,下降高度,转弯,对准跑道……

戴明盟望着下面闪烁的七彩跑道灯,脸上泛起了他那招牌式的微笑,在心中暗暗对自己说:海空雄鹰团的飞行员,就要高标准。发动机有故障了,也要规范操作,不能有一丝一毫的差错。标准:5分!

平时飞行,戴明盟非常讲究准确到位,比如飞特技,速度、角度规定是多少就是多少。前面讲过,飞机接地是个硬功夫,在触地的一刹那,飞机就像一匹狂奔的野马,轻重、速度、高度、姿势等,只要有一项调整不好,就很可能出问题。特别是速度调整很难把握,调整大了就很可能冲出跑道,在航校时他为此挨过批。经过摸索,每次飞机落地,他就想方设法在空中通过控制油门消除飞机余

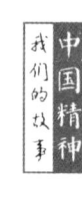

刀尖上的舞者
——"航母战斗机英雄试飞员"戴明盟的故事

速,减小接地时的惯性影响,得心应手地驯服"野马"。

可今天不行了,一台发动机被关掉了,油门难以控制,只能凭感觉和经验了。飞机下滑、减速、接地,戴明盟以优美的姿势操纵飞机,轻两点落到"T"字布旁,然后手握刹车,控制着速度,滑向着陆线,并稳稳地停了下来。

时任团长的王长江,平时很少表扬飞行员,这次激动地向戴明盟竖起了大拇指,夸赞道:"好样的,5分!"

戴明盟憨憨地笑着,谁也看不出,他刚刚经历了一场命悬一线的凶险。

1997年12月,戴明盟结婚了。

妻子就是那个同校不同班的同学江燕。婚后,江燕从江津印刷厂随军到部队,在驻地一家商场工作。两年后,他们有了一个可爱的女儿。再后来,江燕被特招入伍,也加入了人民海军的行列。可以说,戴明盟是夫妻恩爱有加,家庭幸福美满,事业蒸蒸日上。

2003年9月,戴明盟又被派往异国他乡,学习改装第三代新型战机。学成归国后不久,戴明盟成为一名驾驭先进装备的飞行大队大队长。

重任在肩,使命在肩!

2006年9月,一个实现中华民族百年梦想的历史重担,光荣地落在戴明盟身上!

第四章 刺破青天锷未残

百年航母梦

这天夜里，不经常做梦的戴明盟做了一个梦，醒来时还记得非常清晰：他梦见自己在天上飞，下面是波涛汹涌的大海，大海与天空的颜色一模一样，干净、透明，有无数的战舰——各个国家的各种造型的——在驰骋，还有各种声音在混响，这一切充满了茫茫海域、浩瀚天宇……他在倾听，他在俯瞰，他似乎收了一下巨大的翅膀，独独在纷杂的声音中分辨出我们中国的航母轰响；独独在纷乱的舰阵中认出了我们中国的航母，他幸福地降临在甲板之上，兴奋地与航母舰长握手交谈……醒来时，他久久地沉浸在梦中不愿走出来，在心里问自己：这一天，什么时候能到来啊？

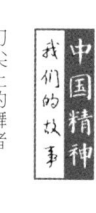

刀尖上的舞者
——"航母战斗机英雄试飞员"戴明盟的故事

中国要有自己的航母,这一美好而又崇高的梦想,燃烧着几代中华儿女的激情。戴明盟到国外学习改装之后,视野更加开阔,特别是作为海军航空兵飞行员,对中国航母的期盼更加迫切。

在往下讲戴明盟的故事之前,我要先从中国人的航母梦说起,让大家初步了解中国第一艘航母辽宁舰的诞生过程,才能更好地理解戴明盟和战友们为之奋斗的意义。

中国人怀有航母梦的时间其实并不算晚。

早在1928年底,时任国民党海军署长的陈绍宽,在上报国民政府的呈文中,便首次提出中国要建造航空母舰。这离当时英国人建成世界上第一艘具有全通式飞行甲板的"竞技神"号航母,仅约十年。

新中国成立后,毛泽东主席以其雄才大略,高瞻远瞩地提出:"必须大搞造船工业,大量造船,建设海上'铁路',以便今后若干年内,建设一支强大的海上战斗力量。"

周恩来总理心中也有挥之不去的航母情结。1973年10

月25日,周恩来总理在会见外宾时感慨地说道:"我搞了一辈子军事、政治,至今没有看到中国的航母。看不到航空母舰,我是不甘心的啊!"

怀揣着强国梦、强军梦,盼望有中国人自己的航母,是人民海军几代官兵的夙愿和追求。梦想变为现实,需要扎扎实实的行动和不懈的追求,甚至奉献和牺牲。

让我们将时光倒回1987年。那年,原海军司令员萧劲光已八十四岁高龄,退居二线已有七个年头了。

3月下旬的一天傍晚。萧劲光和往常一样,坐在客厅里,先翻了一会儿报纸,然后等着每天必看的中央电视台19时播出的《新闻联播》。秘书傅东启在一旁陪着他看电视新闻。

《新闻联播》开始后不久,主持人字正腔圆地播出了一条消息:总参一位领导与外宾谈到中国海军建设时,坦言中国海军的战略是近海防御,中国不需要也不准备搞航空母舰。

萧劲光眼盯屏幕,听主持人播了那条消息后,轻轻地

重复了一句:"中国不需要搞航母?"

说完,看了秘书傅东启一眼,然后他沉默了一会儿,像是对傅东启又像是自言自语地说:"这个问题要研究。不知刘司令怎么考虑?我的印象中,他是主张搞航母的。"

萧劲光提到的"刘司令",就是时任海军司令员的刘华清。

刘华清司令员也注意到了这一消息。

就在媒体报道这一消息的第二天晚上,刘华清来到萧劲光的住处。在乍暖还寒的仲春夜晚,两代海军司令员在萧劲光海味儿十足的会客厅里,就中国海军装备建设,就中国到底要不要搞航空母舰等问题,进行了倾心交谈。

萧劲光接受刘华清的建议,写成了《建设现代化的强大海军》一文。文章首先回顾了海军的战斗历程:人民海军在战火中诞生,边打边建,从无到有,不断发展壮大。成立38年来,先后"参加大小战斗1200余次,击沉击伤敌舰船400余艘,击落击伤敌机数百架,收复了除台、澎、金、马和东沙、南沙群岛以外的沿海岛屿,完成了保卫海防、护渔护航、防范敌人来自海上的侵略的光荣使命"。文章继而提出："何以在新的历史条件下建设现代化的强大海军？这是海军各级指挥员尤其是高级指挥员，包括已经退下来的老同志，应该不断研究的课题。"文章说：海军要不要建造航空母舰，决定于国家财政经济的可能和军委战略方针的需要。在这一方针的指导下，海军有什么样的战略任务，到什么地方去活动，就应该建立一支什么样的舰队和兵力。我们实行近海防御战略，并不排除到中远海作战；而到中远海作战，没有航空母舰是不行的。一个舰队在远海活动，没有航空母舰就没有制空权。没有制空权，就没有远海作战胜利的保证。在远海，没有一种兵力可以取代航母夺取制空权，掩护我远海舰船的活动。中国是一个大国，也是一个海洋大国。为维护我国领土主权和海洋权益，即使在和平时期中国海军也应该到这些海区去活动，以保证我们国家在这些海区的应有地位和主权。到南沙去，就要有航空母舰对水面舰船进行空中掩护、支援和打击消灭敌人的有生力量。有航母到远海去活动，也是保

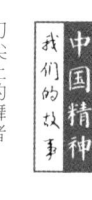

卫世界和平、支援进步力量所需要的。后来这篇文章先后在《海军》杂志、《人民海军》报、《解放军报》上全文刊载,在军内外引起强烈反响。

1987年3月31日,也就在他们交谈后不到一个星期,刘华清向总部机关专门汇报了关于海军装备建设的两大问题:一是核潜艇发展,另一个就是航母问题。他说,这两个问题涉及海军核心力量建设,是关键性问题。这两项装备搞出来,从长远看,对国防建设是有利的;这两项装备不仅为了战时,平时也是威慑力量。他还强调:"海军有了航空母舰,海军的质量就会发生大的变化,海军的作战能力也就有较大提高,有利于提高军威、国威。"

干事业就要只争朝夕!

刘华清向总部汇报没几天,1987年4月初,海军军校部部长赵国钧和干部部部长傅渤海就被同时召进了刘华清的办公室。

海军下定决心要开办"飞行员舰长班",挑选海军航空兵优秀飞行员,改学水面舰艇指挥专业,让他们上天能驾机，下海能操舰，培养出一批高素质复合型的大型水面舰艇舰长。明眼人心里都明白，也就是为未来的中国航母做准备。

5月26日，《解放军报》在第1版以《海军将从飞行员中选拔培养舰艇舰长》为题刊发消息，将此事公之于众。

9月1日，经过层层把关、严格筛选，柏耀平、李晓岩等中国海军首届"飞行员舰长班"的9名学员，正式进入广州舰艇学院学习。他们中间，既有歼击机飞行员，又有轰炸机飞行员，还有直升机飞行员和飞行教官。不仅军政双优，而且除马业隆一人生于20世纪50年代中后期，其他人均为"60后"。

这些充分说明，发展航母绝非一时兴起，而是党中央、国务院、中央军委从我国的安全战略考虑出发做出的决策，更是为建设强大国防、实现中华民族伟大复兴的百年夙愿的必然选择。

曾几何时，有人把各国海军以"水"分类，把能在领

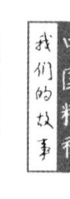

刀尖上的舞者
——"航母战斗机英雄试飞员"戴明盟的故事

海作战的称为"黄水海军",能在近海作战的称为"绿水海军",能在远海执行任务的称为"蓝水海军"。这种分类方法大概因作战半径距离海岸远近不同,海水颜色有所区别而来。也有人把只能在近海作战,只能在家门口转圈圈的海军称为"海防海军";把能够驶向远海,能够维护国家海洋权益的海军称为"海权海军"。不管这样分类是否科学合理,但走向深蓝一直是中国海军的梦想,一代代、一辈辈,时间未曾停滞,追梦从未歇脚。

梦想是激励人们发奋前行的精神动力。当一种梦想能够将整个民族的期盼与追求都凝聚起来的时候,这种梦想就有了共同愿景的深刻内涵,就有了动员全民族为之坚毅持守、慷慨趋赴的强大感召力。

中国海军要从"海防海军"过渡到"海权海军",航母是绕不过去的,就和中国不可能完全依赖陆军包揽国防而忽略空军一样。

当今世界,越来越多的国家急于加入航母"俱乐部",均是希望通过发展航母获取更大的战略利益。我国是世界上临海大国之一,海洋利益无疑是国家利益的重要组成部分。"欲国家富强,不可置海洋于不顾,财富取之海洋,危险亦来自海上。"从1840年到1949年,中国遭受西方列强来自海上的入侵达数百次,被迫签署不平等条约700多个。鸦片战争的屈辱、甲午海战的悲歌,让中国人民深深体味到有海无防的哀痛,无奈吞下了落后挨打的苦果,同时也应验了一位西方战略学家的名言。"没有海军,我们在紧要关头所表达的国家意志也就仅仅成了一个泥足巨人所做的笨拙无用的姿态而已。"

21世纪被称为海洋世纪,海洋已成为国家利益拓展的重要空间,海洋安全已成为国家安全的重要领域。争夺海洋权益的斗争愈演愈烈,但是权益永远要靠力量来捍卫。努力建设一支与我国地位相称、与国家发展利益相适应的强大海军,是有效履行新世纪新阶段我军历史使命的客观要求,也是全球化背景下维护我国国家利益的必然选择。

的确,在安理会五个常任理事国中,只有中国没有航母;在最初的"金砖四国"(巴西、俄罗斯、印度和中

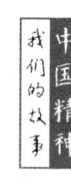

——"航母战斗机英雄试飞员"戴明盟的故事

刀尖上的舞者

国)中,也唯独中国没有航母;即使在亚洲,一些国家也走在我们前面。拥有航母,建设强大的海防,对于中国来讲,应该是一件顺理成章的事情。

正像2009年时任中国国防部长梁光烈与时任日本防卫大臣滨田靖一会见时所讲的那样:"大国中没有航母的只有中国,中国不能永远没有航母。"

中国要发展航母?某大国的一位海军上将有点不相信。他曾对一位来访的中国海军将领这样说:"就是送给你们一艘航母,五年内能把它管好就不错了!"站在别人家的航母上,这位中国海军将领闻听此言脸色非常平静,只是笑了笑,没有说话,但我们可以想象得出,他此时的内心一定掀起了滔天狂浪。

"出水才看两腿泥",要用事实来说话。事实上,在当时,中国已经开始对从乌克兰购买的"瓦良格"号航母进行改建。这艘原本由苏联研制的航母,没有经历过战争,却经历了冷战结束的巨大动荡。"瓦良格"号庞大的身躯裹挟着舰体上残留的历史痕迹,几经辗转驶入了中国。进入中国的数年里,"瓦良格"号在中国东北的大连造船厂慢慢脱胎换骨,开始由中国续写这艘巨舰的传奇。

在2006年6月,人民海军开始兵分多路,"招兵买马",组建第一支航空母舰部队,挑选舰载战斗机试飞员。也就是在那时,戴明盟进入了挑选者的视野。

"我是抢了彩头啦!"

发展航母是一个庞大的系统工程,同时它更是民族工程、强国工程、强军工程。舰载战斗机又是航母工程中重要而复杂、核心而关键的一环。为此,海军首长一直高度关注、全力推动,先后数十次组织机关研究舰载战斗机航空兵部队组建和编制需求等重大事项,并提出"立足全军选拔首批舰载机试飞员"的战略构想。

谁将成为风口浪尖上的"勇敢者"?

首长明确指示:到王牌部队去挑!

2006年9月,工作组来到"海空雄鹰团"。

一个年纪轻轻便叱咤风云的"海空骄子",首先进入海军选拔舰载战斗机试飞员工作组的视线。

他就是飞行大队大队长戴明盟。

为了选拔出我国航母首批舰载战斗机试飞员,海军会同空军、工业部门、科研院所及医疗系统的有关专家,在海、空军歼击机飞行员中进行了层层筛选。

"首批舰载战斗机飞行员通过了4关的严格考核。"时任海军装备部"航空办"副主任的张洪涛这样介绍说。

首先,通过技术关的选拔。航母跑道短窄,气象条件复杂,降落环境和条件严苛多变,这对舰载机飞行员的技术提出了极高的要求。通过选拔,首批舰载战斗机试飞员年龄在三十五岁以下,飞过至少5个机种,飞行时间超过1000小时,其中第三代战机飞行时间超过500小时,且多次参加过军兵种联演联训、重大演习任务,是所在部队的种子飞行员和重点培养对象。

其次,通过身体关的选拔。舰载战斗机在钩住阻拦索的瞬间,飞行员身体会承受巨大的载荷,这对飞行员的颈椎、腰椎和脊柱都会产生影响。同时,由于惯性的作用,

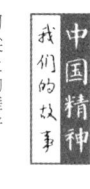

刀尖上的舞者
——"航母战斗机英雄试飞员"
戴明盟的故事

血液加速向飞行员头部涌去，飞行员眼前会出现"红视"现象等，这就对飞行员身体素质提出了极高的要求。在选拔时医学专家通过先进的医疗仪器，对飞行员进行了24小时不间断的监测，许多优秀飞行员由于某些细微的身体数据指标不合格，而与舰载机飞行员失之交臂。

再次，必须通过心理关的选拔。由于14度的滑跃倾角，飞行员在起飞时会产生加速撞墙的感觉；在着舰时，为了防止挂索失败，舰载机飞行员必须大油门下滑着舰，以保持逃逸速度等。每一次起降，都是过"鬼门关"，对飞行员的心理产生极大的挑战。因此，对舰载机飞行员的心理素质考核可以用"严苛"二字来形容。医学专家设置不同情境，通过精密仪器判断飞行员是否具备"泰山崩于前而不惊"的心理素质。

最后，必须通过政治素质考核。虽然舰载机试飞员这一职业充满风险，但是飞行员在选拔时都踊跃报名，把能成为舰载机试飞员视为很高的荣誉，自愿为海军加速驶向深蓝做出自己应有的贡献。

戴明盟是如何成为歼-15战机试飞员的首要人选的呢？

歼-15飞机是第三代战机，要求必须是第三代战机飞行员才能参加改装，而戴明盟所在的"海空雄鹰团"装备的正是第三代战机，他也是海军最先改装第三代战机的飞行员。戴明盟技术高超，曾在夜间驾驶单发战机安全着陆，处变不惊；曾驾驶出现故障的战机避开热闹市区后成功跳伞，遇险不乱……因此，有人这样说，戴明盟成为歼-15试飞员首要人选的主要原因，不仅仅是他的飞行技术好，还因为他曾经有过飞机失事跳伞的经历，心理素质非常好。这也有一定的道理。

然而，有些问题又让工作组一时难以定夺：

作为团里、师里的"宝贝疙瘩"，戴明盟目前的发展可谓顺风顺水，前途不可限量。他愿意来吗？

再者，舰载战斗机试飞是一条高风险的路。一般飞行员飞的是定型战机，有什么性能就按什么性能飞，而试飞

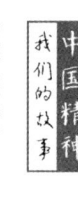
刀尖上的舞者
——"航母战斗机英雄试飞员"戴明盟的故事

员则需要把未定型战机的缺陷与能力飞出来,风险可想而知。他敢来吗?

还有,舰载机部队异地组建,这就意味着原先平静的家庭生活轨迹被彻底改变,或者拖家带口或者两地分居,家属就业、孩子上学等诸多问题都会接踵而至。他能来吗?

工作组带着这些问题约见了戴明盟。

戴明盟并没有像人们想象中的或者像记者们写的那样慷慨激昂,他对我实话实说:"当时我也挺犹豫的。"

"为什么?"

"因为当时工作组找我谈话,说是为航母工程选拔舰载战斗机试飞员。我对这个事儿确实看不太清楚,让我当时表态我做不到。我对他们说:'这事我得好好想想。'"

工作组一听这话,心里有点凉,他们没有多说什么,就离开了。但是,工作组并没有离开这个团,而是找到时任团政委的姚丹江,想通过迂回战术做戴明盟的工作。

姚丹江心里很矛盾:戴明盟是团里重点培养的好苗

子，他实在不想让这名爱将离开，甚至私心里想推荐一个中上等的飞行员给他们；但是，他转念又想，航母事业太伟大了，太重要了，需要戴明盟这样的精英去干。这话他必须去说，这工作他必须去做。

对于戴明盟，姚丹江也太熟悉了，太了解了，可以说是看着他和伴随着他成长的。姚丹江曾对我说过："我和盟盟太有缘了。"

大家前面已经知道，戴明盟从空军飞行学院毕业分到海军航空兵部队，在训练基地改装，分到某战斗团时，是姚丹江去接的他们这批新飞行员。戴明盟当飞行员时，又分到他们飞行大队，姚丹江任教导员。戴明盟任中队长时，姚丹江是他们团政治处主任。戴明盟任大队长，姚丹江又成了他的团政委。后来，连姚丹江也没想到，当戴明盟成为一名舰载机试飞员时，他也奉命调到航母综合试验训练基地，到这个部队任政委。虽然不是一个部队，但在同一个陆地机场，他们俩基本上说又是朝夕相处了。这是后话。

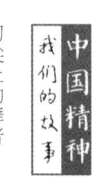

刀尖上的舞者
——"航母战斗机英雄试飞员"戴明盟的故事

所以,当工作组请姚丹江做戴明盟工作时,他实在是不舍得,甚至幻想戴明盟能找各种理由不去。但是,作为一个老政工,他还是以大局为重,认真思索了一番,准备了几条劝导的说辞。

第二天一大早,姚丹江打电话把戴明盟叫来,张口就问:"盟盟,工作组找你啦?"

戴明盟看了看姚丹江,也直接进入主题,说:"当试飞员,行,我去!"

姚丹江一下子愣了,当戴明盟嘴里蹦出"我去"二字时,他从那坚毅的眼神里,分明看到被毛主席曾经三次点将"海空雄鹰团"官兵所独有的那股子精气神儿,看见了王昆、舒积成、高翔等一大批战斗英雄和王牌飞行员的影子……

姚丹江深情地望着戴明盟,心中有许多话不知从何说起,只是轻轻问了一句:"盟盟,你想好啦?"

戴明盟迎着姚丹江的目光,认真地点点头,说:"试飞舰载战斗机,是国家和民族的大事,人民海军的光荣使命，能有我的份儿，我是抢了彩头，中了大奖啦！"

姚丹江闻听此言，心中暗暗埋怨自己：一开始的想法有点自私了，光想着小团队了。听到戴明盟这样回答，他有点如释重负的感觉，又问："和江燕商量了没有，她是什么意见？"

"商量过了，她没意见。她说：'你决定的事我支持，何况这还是国家、军队的大事，你小心点就是。'"

说到戴明盟的妻子江燕，两个人也算得上青梅竹马，从小就是一个镇上的。结婚近十年来，作为飞行员的妻子，江燕不仅练就了一套将担忧深藏不露的本领；同时，还练出了一副察言观色的"火眼金睛"，丈夫每个细微的变化都逃不出她的眼睛。

和大多数男人一样，戴明盟在工作上遇到什么问题时，总喜欢一个人憋着，很少对妻子说。江燕曾向姊妹们透露过她应对丈夫心事的绝招："如果他回家，不敢正视我的眼睛，而是埋头逗孩子玩，或者进里屋看书，那准有事儿。一看他情绪不对劲儿，我会急中生智，安排一些小节

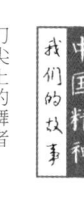

刀尖上的舞者
——"航母战斗机英雄试飞员"戴明盟的故事

目。比如：今天女儿长出第一颗新牙，我们去庆祝吧；今天是你第一次到我家见我的五周年纪念日，去庆祝吧。当然，我的目的就是让他开心，让他心情放松。这时，他就会不经意地把工作上的烦恼说给我听，心结解开了，他的心情就又好了。"

头一天晚上，当戴明盟心事重重地回到家后，江燕一眼就看出来了，脑筋一转，说："好久没吃麻辣火锅了，咱们一块去打牙祭吧。"

麻辣火锅，是戴明盟的最爱，没加思索就答应了。

饭桌上，戴明盟将自己的决定告诉了妻子。

江燕听后，表情非常平静，并语气平静地说出了那番话。她知道，她也分得清，国家和家庭孰轻孰重。她为有一个志向远大的丈夫而骄傲自豪。

戴明盟心中的一块石头也落了地。

姚丹江了解了这个情况后，心情也轻松了许多。

他将自己思考了很久的话全盘端给了戴明盟："盟盟，你既然决定了，我支持你。我想对你说这么几条：一是咱们组建第三代战机部队、组建航母部队,是干什么的?是准备打仗的。打仗就要玩命,就要有奉献牺牲,你要有这个思想准备。二是组织上选你去,是对你的信任。你肩负的是我们民族的事业,几代人的梦想,我替你感到高兴,感到无上的光荣。三是你是咱们这个英雄团队里走出去的,你去了,就要准备当英雄!要为咱们这个海军航空兵的王牌部队争光,不能丢脸。再就是,盟盟,请你放心,不要有什么后顾之忧。我这个政委向你拍着胸脯保证,家中的一切我都会替你安排好的。有什么事,让江燕来找我。"

听着政委发自肺腑的话,戴明盟被深深地感动了。他说:"政委,也请您放心。我是咱们'海空雄鹰团'的人,一定为这面光荣的旗帜增光添彩!您等着我的好消息。"

戴明盟义无反顾地踏上了新征程。

昨日的艰辛与奉献,昭示着前路的光明与灿烂。

一切从零起步

祖国的西部,黄土高原上,有一个很少有人知道的小城。小城的城郊,有一座世界闻名的试飞院。

这里,许多人爱唱那首熟悉的歌:"我家住在黄土高坡,大风从坡上刮过……"

这里,很少人会想到,有一天会成为航母舰载机试飞员的摇篮,刮起一股惊天动海的蓝色旋风……

空军有份招生简章里这样说:

要想成为一名优秀的战斗机飞行员,那你就要准备好成为一块"会说话的钢铁",一名通晓四十多门学科的科学家,一名"十项全能"的飞行工程师。这是勇敢者的游戏,这是生死一线的艺术,这是人与价值上亿元机械的"天人合一",这是一秒钟的判断就能决定自己生命的"死亡竞技"。这个群体里没有普通人,没有普通的事情,甚至没有"普通"这个词。一旦加入,你就是"天之骄子"的最新注解。

在这群"天之骄子"中间,还有一些顶尖人物,就是那些被誉为"刀尖上的舞者"的舰载机飞行员。

世界航空界公认,舰载机飞行员在所有飞行员中具有崇高的地位,是精英中的精英,必须具备优秀的心理和身体素质、杰出的驾驶技术、强烈的事业心责任感以及坚定的政治信仰。

精英,他们绝对是精英!

我军首批舰载战斗机试飞员也都是从海军、空军飞行员中精挑细选出来的精英,个个技术出色,身体心理素质过硬。

天降大任!承载着这一特殊国家使命,这支带有神秘

色彩的试飞团队应运而生。

2006年11月,联合试飞小组正式成立了。

目标,就是飞出咱们中国自己的舰载机!

那段时间,从空军挑选的其他几名试飞员,也毫不犹豫地加入到了舰载战斗机试飞员的行列。这其中有"试飞英雄"李中华以及邹建国、余景旺、李钢、丁天喜等人,邹建国等人几乎都是与"试飞英雄"李中华一起成长起来的优秀试飞员,每个人都飞过10种以上机型,有的飞过了我国当前所有在役机型,有着非常丰富的试飞经验。今后,他们将和海军的戴明盟、吴安涛等一起飞过一道道艰难的"坎",那就是完成由陆基飞行员到甲板飞行员的巨大跨越!另外,还有中航工业试飞大队的同志也加入了进来。

此时的戴明盟,一身虎气,满脸自豪。这位"海空雄鹰团"的尖子飞行员,从此开启了惊心动魄的"着舰人生"。

蓝天,从来都是大国竞争的舞台。

世界航空先驱李林塔尔曾说:"发明一架飞机算不了

什么，制造出来也没有什么了不起，而试验它才是艰难无比。"

这句话，道出了试飞员对于一个国家航空事业发展的重要性，也道出了试飞职业的高风险。

统计数据显示：美国仅在超音速飞机颤振和操稳试飞中，就摔掉了56架飞机，牺牲了72名优秀飞行员。

而当戴明盟他们这批试飞员来到这里时，根本没想到，一切都需要从头摸索，没有什么现成的经验。试飞航母舰载战斗机，国内尚属技术空白，资料少之又少，国外技术封锁壁垒森严，舰载战斗机怎么飞，谁也不知道……

这一刻，他们真正明白什么叫"从零起步"了。

"难，我们可以学，最让人无助的是，我们不知道学习什么。"回忆起舰载战斗机试飞初期的那段日子，戴明盟不禁感慨万千，"别人说摸着石头过河，可我们没石头可摸，只能一步步蹚水而过。"

航空母舰战斗力生成的核心是舰载机，所有的保障设备都必须以飞机为主，为飞机服务。没有飞机的舰船，也就称不上是航空母舰。

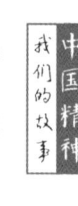

刀尖上的舞者
——"航母战斗机英雄试飞员"戴明盟的故事

航空母舰是兵种合成的典型，其军舰加机场的特征非常明显，这两个庞大要素在这里叠加，两群来自不同作战平台的人在这里汇聚，两套不一样的运行机制在这里对接，两种各具优势又不尽相同的文化在这里交融。

中国第一艘航空母舰上的舰载机确定为歼-15战斗机。

歼-15战斗机是中航工业沈阳飞机制造公司研制的，是我国第一代多用途舰载战斗机(代号"飞鲨"；英文：J-15)。它具有作战半径大、机动性好、载弹量多等特点，可根据不同作战任务携带多型反舰导弹、空空导弹、空地导弹以及精确制导炸弹等精确打击武器，实现全海域、全空域打击作战能力，各项性能可与俄罗斯苏-33、美国F-18等世界现役的主力舰载战斗机相媲美。

歼-15舰载战斗机总设计师孙聪介绍说："歼-15舰载战斗机是在我国第三代战机技术基础上进行全新设计而研制的。歼-15舰载战斗机配装两台大功率发动机，实现了机翼折叠，全新设计了增升装置、起落装置和拦阻钩等系统，使得飞机在保持优良的作战使用性能条件下，实现了着舰要求的飞行特性。"

说起"飞鲨"这个绰号的来历,歼-15舰载战斗机副总设计师王永庆这样解释:"我们觉得这一型飞机,从性能上讲,它凶猛强悍,攻击性强;从外形上看,很优美也很健壮,就像鲨鱼一样。但鲨鱼是在水里游的,我们希望它能在天上飞,而且它又是舰载机,有海洋的元素,所以大家都觉得'飞鲨'这个名字很响亮也很顺口,因此就叫它'飞鲨'了。"

由于歼-15舰载战斗机有了"飞鲨"这个响亮的绰号,双垂尾翼上中国军机第一次喷绘上了与它齐名的动物图案:青灰色的飞鲨身形矫健,牙齿锋利无比,目光勇猛凌厉,让人不寒而栗……

这些性能,这些数据,这些设计要求,这些战斗力,都是试飞员一次次飞出来的,一点点验证总结出来的。

可在联合试飞小组成立时,歼-15舰载战斗机还没离开制造车间呢。

怎么办?

刀尖上的舞者
——"航母战斗机英雄试飞员"戴明盟的故事

戴明盟先是搜集资料，对世界范围内的舰载机进行理科补习，先从理论上弄通弄懂，再就是向空军试飞员战友学习，他们试飞经验多，飞的机种也多。

没有飞机怎么办？

时不我待。戴明盟和战友们对着寥寥几份资料，驾着某型歼击机就练开了。

舰载战斗机与陆基飞机最大的不同，就是起降的平台是航母，"机场"是流动的平台。通俗地讲，就是要落到正在航行的舰艇上。练着舰飞行时，试飞员要用"反区操纵"技术，不断修正飞行中的偏差。这种操作是舰载机与陆基飞机操纵技术最大的区别，试飞员以前的着陆操纵技术中从没有用过，这让"天之骄子"们一时很难适应。

"为什么要这样飞？"

"速度控制多少？"

"油门加到多大？"……

戴明盟和战友们抛出一个个问号。

一个个问号问得飞机研制人员面红耳赤，摊开双手张口结舌难以回答,好长时间才憋出这样一句话:"我也不知道,你们自己去解答。"

戴明盟这才醒悟:这些问号都需要他们通过一次次试飞来拉直!

要拉直这些问号就得通过舰机适配性试验。可航母还在船厂叮叮当当地修建,保障试飞的歼-15舰载战斗机还在厂里调试,海军兴建的试飞机场还是一片工地,在尘土飞扬中往前赶……现实的状况,使戴明盟冷静下来,他把在试飞院陆地飞行的每一个起落,都看成上舰的阶梯,踏踏实实地走好每一步。

戴明盟在焦急地等待着,盼望着这一天早点到来。

全体试飞员也在焦急地等待着,盼望着这一天早点到来。

很显然,海军领率机关也注意到了这一点。海军首长一方面鼓励试飞员依靠现有条件潜心钻研,另一方面亲自挂帅调研,并及时召开常委会和专项领导小组会,果断做出"边施工建设,边研制生产,边试验试飞"的重要决策,以确保航母交付和舰载机着舰的时间节点。之后,海

军首长又做出决定：联合试飞小组移师海军新建的航母综合试验训练基地。为了解决他们的后顾之忧，组织上还专门协调试飞员家属、孩子的安置问题。

一场新的战役拉开了帷幕！

戴明盟将在这场战役中大显身手。

勇当先锋

一场战役的胜利,不仅光靠将士的英勇,主帅的排兵布阵也很关键,练鹰还需老猎手。飞行员出身、航母试验试航指挥部总指挥、时任海军副司令员的张永义中将,把"中军帐"常年设在了试航试飞第一线。天天和试飞员们同吃同住同训,吃透了底数,自然底气就足,此刻,他霸气外露,大手一挥:"4月份就搞舰机适配性试验试飞!"

2010年4月6日,第一架舰载战斗机歼-15飞机刚刚完成6个架次试验试飞,就飞到了海军航空兵某机场。然而,随之而来的问题是,这一催熟的果实,必将带来技术风险和安全风险的双重压力。

"这能行吗?"工业部门的同志心里直打鼓。

中国精神 我们的故事

刀尖上的舞者
——"航母战斗机英雄试飞员"戴明盟的故事

这时,试飞机场的跑道刚完成,辅路还没修通,跑道外边尽是乱石堆,住房也没有。就连歼-15舰载战斗机飞来时都没能降落到这里,而是先落到邻近机场的。

如果谁都不愿承担风险,何来零的突破?

海军官兵没有用语言回答,而是化为实际行动。

4月7日,歼-15舰载战斗机来到后的第二天凌晨,两个机场相连的公路上出现了罕见的一幕:一辆牵引车牵着歼-15舰载战斗机缓缓前行,而前面走着引路的是一群将校级海军军官,打头的就是航母试验试航指挥部总指挥、时任海军副司令员的张永义。

这天,春寒料峭,东北的凌晨,依然透骨的凉。

裹着一件军大衣走在前面的张永义,心是热的,血是沸腾的,迈出的步伐也尤为急切!

一步,一步,他们在前面走,歼-15舰载战斗机被牵着往前行;一步,一步,脚步咚咚,似敲响出征的战鼓,在天地间轰鸣;一步,一步,步履坚定,虽然路不怎么长,仅十余公里,连接的却是海洋,旋起的是海天雄风;

一步，一步，这每一步，走出的是志气，走出的是信心，同时也是在向世界宣告，我们中国海军能行！

4月8日，歼-15舰载战斗机第一次在跑道上亮相，拉到北头进行机务检查。这天，基地官兵正在为整修跑道进行大会战。飞机过来时，他们不约而同地在跑道两旁站成两道人墙，以军人的特有方式夹道欢迎，并行注目礼。那一刻，没有一个人说话，虽然脸上表情各异，但心中想的都是：这型飞机将从这里起飞！"飞鲨"将从这里翱翔海空！

张永义熟悉戴明盟这位手下爱将。戴明盟也十分了解老首长的性格，对他也十分敬重。

这天布置任务时，张永义副司令员点将："明天滑跑试验。戴明盟上！"

戴明盟闻听非常激动，噌地站起身来，大声说道："请首长放心，保证完成任务！"

4月9日，戴明盟驾驶歼-15舰载战斗机第一次进行滑跑试验，这也是他第一次驾驭这个型号的飞机，之前早在心中描绘了无数遍，今天他终于如愿以偿了。戴明盟跨进

中国精神 我们的故事
刀尖上的舞者
——"航母战斗机英雄试飞员"戴明盟的故事

座舱,平抑一下激动的心情,开车,战鹰发出了巨大的轰鸣声,仿佛向这个世界宣告:"我来了,我将在这里起飞,翱翔万里海空……"

"反区操纵"技术的练习又重新被捡了起来,试飞员个个都是攻关冲锋的姿态。航母上的跑道不及陆基机场跑道的十分之一,且处于运动状态,舰载机为实现平稳且精准的起降,有一套完全区别于一般战斗机的着陆操纵技术。试飞员们都是优中选优的飞行高手,原来的飞行动作早已形成了习惯,从头再来学"反区操纵"技术何等艰难!没有捷径,只能练中摸、摸中练,让新的飞行技术取代旧的飞行习惯。

飞行!还是飞行!

在一次次飞行中,试飞员们慢慢熟悉了边控制驾驶杆边调整油门大小,控制飞机精确着陆。一个起落,又一个起落,他们一遍遍地起飞、着陆,人人憋着一股用不完的劲儿。

看着他们跃跃欲试的样子，张永义副司令员心里着急，脸上却很平静，他太了解这些早已憋足劲儿的试飞员了！他已经向时任海军司令员吴胜利和海军党委专题报告了这批试飞员的飞行进度情况，并请示了下一阶段的试飞安排。

航母综合试验训练基地的陆上机场濒临大海。据说，为了达到飞机一起飞就能看见海的效果，建造机场的时候削平了海边的两座山头。乍一看，这个机场的跑道与其他机场的跑道没什么不同。但只要登上塔台往外一看，你就会发现这个机场跑道的两端都画有一个航母甲板的图案，那是供飞行员练习着舰用的。航母甲板图案与辽宁舰的飞行甲板是1∶1的比例，甲板图案尾部有一道阻拦索，跑道下面有一部阻拦机。这阻拦机既是为飞行员练习着舰时所用，也是为了试验阻拦机的性能。陆地机场画有航母甲板的跑道被称为一号跑道。在一号跑道的东侧，还有一条二号跑道。二号跑道很短，跑道的两端是模拟航母舰首的14度滑跃甲板，这是训练飞行员在航母上滑跃起飞用的。有的飞行员在驾驶飞机冲向滑跃甲板时，感觉高高翘起的甲

刀尖上的舞者
——"航母战斗机英雄试飞员"戴明盟的故事

板就像一堵高墙，心情非常紧张。这个时候，速度上去了，就会飞上天空；速度下来了，就会掉到地上，酿成惨剧。这种地面练习虽然只是为将来海上起飞做准备，可地面练习同样也充满了危险。

2011年5月，滑跃起飞试验开始了。

这一天，戴明盟又是第一个跨进座舱，习惯性地向外探了探头，用眼睛瞄了一下跑道边，这一次却没看到那个熟悉的身影。

他要找的，是张永义。只要一飞行，张永义副司令员就会站在跑道旁边，一是可以近距离了解飞行员的飞行情况，讲评时有的放矢；二是为了给飞行员加油鼓劲。可这个地方又十分危险，好多次大家都劝他甚至拉他离开，但都没有成功。

张永义到哪里去了？

他在塔台上，没有像往常一样站在指挥员身边，而是静静地坐在一把椅子上，低着头，像是在沉思。陪着他的海军舰载机工程负责人之一、时任海军某舰队航空兵副司令员的刘长虹,以及舰载机试训基地时任司令员的梁旭、时任副司令员的焦怀玺等人也都屏住呼吸,没有说话。

戴明盟开车、滑行、加力……巨大的轰鸣声,把整个大地都震得颤抖起来,歼-15舰载战斗机风驰电掣般地在模拟14度滑跃甲板上呼啸升空!

"成功了!"在场的人都高兴地跳了起来。

张永义也猛地站起身来,仰望着蓝天上翱翔的战鹰,脸上绽开了灿烂的笑容。

戴明盟驾驶歼-15舰载战斗机首次成功滑跃升空,具有非常重要的历史意义,为后来在辽宁舰上成功着舰、起飞迈出了坚实的第一步。此后,他们更加稳步扎实地为掌握舰载战斗机着舰飞行的关键技术而不懈地奋斗着……

驯服"飞鲨"

2011年7月27日,我国正式对外宣布:正在改建第一艘航空母舰!泱泱大国,掀开了强国强军的壮丽新画卷。

作为第二次世界大战时就崭露头角的战舰,航母早已不是什么新奇的装备,但中国的这一举措仍然引起公众的高度关注和人们的浓厚兴趣。一个负责任的大国,是以怎样的气魄和胸襟,回答世界版图的提问呢?

《解放军报》刊登了记者田源、张新撰写的报道:

本报北京7月27日电 今天下午,中国国防部新闻发言人透露,目前,中国正在对一艘废旧的航空母舰平台进行改造,用于科研试验和训练。发言人表示,中国坚持走和平发展道路,坚定奉行独立自主的和平外交政策和防御性的国防政策。我们有着漫长的海岸线和广阔的管辖海域,保卫国家海上方向安全,维护领海主权和海洋权益,是中国武装力量的神圣职责。中国有关部门正在综合考虑各方面因素,认真研究航空母舰的发展问题。

这位发言人说,航母建设非常复杂,当前我国改建航母是用于科研试验和训练,距离真正形成战斗力还有很长时间。研究建造航母,充分体现了我国国防科技发展水平,无疑将对我军的现代化建设起到重要的牵引和带动作用。航母的人才建设是整个航母建设的一项重要的工作,其中很重要的是舰载机飞行员的培训,这项工作是整个科研试验和训练的重要内容之一,目前这项工作正在进行当中。我们的舰载机飞行员,主要是依靠我们自己来进行培养和训练。关于这艘舰出海试验的具体时间,要根据整个改造工程的进度来确定。

发言人强调,武器装备的建设服从服务于国防政策和国家安全战略。航母作为一种武器装备,既可以用于进

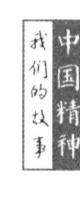

攻,也可以用来防御,还可以用来维护世界和平、实施灾难救援等。中国正在研究航空母舰的发展问题,是为了增强维护国家安全与世界和平的能力,中国坚定奉行防御性的国防政策,绝不会因为发展先进武器而改变。中国近海防御的海军战略也没有发生转变。

据悉,现在正进行改造的航空母舰,原是乌克兰一艘名为"瓦良格"号的废旧航母。2001年,整体结构已经被严重破坏,原有动力系统、电子系统、侦察系统被全部拆除的"瓦良格"号航空母舰,被购买运送到了中国……

可是,就是在2011年7月27日这一天,当我国对外正式宣布正在改建第一艘航空母舰时,外电还引用有关大国专家的话说:"驾驭航母,中国至少要用十年时间……"8月28日,西方某国媒体还发文,用的标题是《中国航母,还只是说说而已》。

辽宁舰横空出世,确实给了全世界一个石破天惊的震撼!境外媒体禁不住惊呼:"中国航母发展,超乎西方预想!"超出他们的预想,引起他们的惊呼,非常正常,因为中国航母不仅仅只是说说而已,是实打实的真抓实干。

这位发言人说得很明确:"航母的人才建设是整个航母建设的一项重要的工作,其中很重要的是舰载机飞行员的培训,这项工作是整个科研试验和训练的重要内容之一,目前这项工作正在进行当中。我们的舰载机飞行员,主要是依靠我们自己来进行培养和训练。"在此期间,舰载战斗机试飞小组几经调整,逐渐形成了由戴明盟、邹建国、徐汉军、孙政雄、魏红伟、卢志永等人组成的第一梯队。

过去,我国从未拥有航母,当然就没有教练员。由于没有教练员,没有教程和标准,所有的训练都是依靠自己的实践去探索,训练难度非常大,非常危险。他们总结出了"看灯、保角、对中"等许多操纵飞机准确着舰的要领,他们把自己从学员训练成了教员。

谈及飞行的难度,戴明盟打了个形象的比喻:"舰载机飞行员都是数学家,苛刻的现实条件要求我们的飞行动

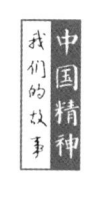

刀尖上的舞者
——"航母战斗机英雄试飞员"戴明盟的故事

作必须异常精确,我们的目标就是把飞行技术练成肌肉记忆。"

这种记忆来自于千锤百炼:在两年多的舰机适配性试验试飞中,歼-15舰载战斗机试飞员们创造了多项我军新机试验试飞的纪录,共进行8600多架次的起落。在试验试飞阶段,飞机经过大强度试用,提前进行了大修,这在以往的新飞机试飞过程中是没有的。通过试验试飞,使得舰载战斗机的问题得以充分暴露和改进。

"如果战机的轨迹可视,那段时间,我们驾驶战机在空中划出的肯定是一幅让人眼花缭乱的印象派作品!"另一位来自海军的试飞员徐汉军看似幽默的一句话,却让人感受到他们为此所付出的数不清的心血和汗水。

试飞,是勇敢者的事业。

试飞员,是世界上最高危的职业之一。

国之重器,以命铸之。

全体试飞员深深地懂得:试飞,不仅要技术一流,更要带着信仰去飞,没有这一点,是无法坚持的!

一代战机,凝聚着一代试飞员的奋斗;

一代战机,带走了一代试飞员的青春。

"干中学,学中干。不等不靠,主动作为。"为确立着舰航线,戴明盟和战友们一起研究能搜集到的所有资料,探讨规划着舰航线。他们驾驶战机一次次冲入苍穹,检验航线的合理性,又一次次将制订的方案推翻重来。经过不懈努力,他们终于探索出了一条适合中国航空母舰的着舰航线。

试验,接着一个试验。

飞行,连续进行飞行。

歼-15舰载战斗机进驻试训基地没多久,他们就进行了舰载战斗机大速度地面拉索试验。

阻拦索,更专业的说法应为"航母阻拦系统",它帮助飞机在有限距离内强制制动,使最大过载和过载变化率保持平稳,及时将系统恢复到初始状态。简单地说,就是把高速俯冲下来的飞机拦阻住,使之平稳地停下来。

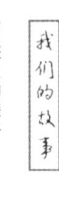

刀尖上的舞者
——"航母战斗机英雄试飞员"戴明盟的故事

陆上大速度挂索试验开始了。

跑道一头，戴明盟启动飞机，滑跑、加速，以两百余千米的时速向前冲刺。此时，机场刚竣工不久，跑道两侧施工堆积的土石还没清理干净。一旦试验失败，飞机冲出跑道，将直接威胁飞行安全，后果无法预料。

为确保试验安全，指挥部决定滑跑抬前轮，采用两点钩索的方式进行。试验时，戴明盟按下旋钮，飞机放下尾钩，挂索！瞬间，他感觉血液上涌，眼前一片模糊，仿佛撞在了厚厚的"棉花墙"上。很快恢复意识后，他发现飞机已经停在了跑道上。

陆上大速度挂索成功！现场人员兴奋地向戴明盟竖起大拇指。他们知道，为了这个试验，戴明盟已经挑战了无数次的生理极限。

禁区不闯永远是禁区，难题不破永远是难题，军人追求胜利是永恒的课题。阻拦索被称为舰载机飞行员的"生命线"，为了真实了解"生命线"的质量，试飞员们还要测试它的极限偏心偏航数据。极限偏心偏航阻拦试验，是试飞着舰挂索这一阶段最危险的课目。用大白话说，就是在着陆时故意偏离，看最大偏离中心和航向多少度还能挂上阻拦索。面对风险挑战，还是戴明盟首飞。

根据工厂给予的设计极限数据，第一次试验，戴明盟有意偏心×米，飞机成功挂索。张永义副司令员要求苛刻，让他再来一次，偏心更大一些。戴明盟二话没说，驾驶战机高速向着极限角度冲刺。他又成功了！

一组新的歼-15舰载战斗机阻拦试验数据诞生了。

但是，并不是每一次挑战都能成功，并不是每一个人都那么幸运。

那天，后来担任着舰指挥官的邹建国，进行同样课目的试验。当他驾机挂索的一瞬间，巨大的拉力将阻拦索一端拉断，断裂的阻拦索一端似一记流星锤，在空中打了一个转，狠狠地砸向机尾，砰的一声，飞机尾翼被击中。幸亏当时是戴明盟在塔台指挥，他沉着冷静，口令清晰，果断指挥，处置正确，才化险为夷。

目击这一情景的人们无不惊出一身冷汗。

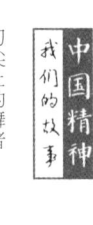

中国精神 我们的故事
刀尖上的舞者
——"航母战斗机英雄试飞员"戴明盟的故事

试验现场,一位老工程师抚摸着断裂的阻拦索,眼泪都下来了,喃喃自语:"这条'生命线'是试飞员用生命炼出来的啊!"

戴明盟不仅成长为一位优秀的试飞员,还锤炼成为一名合格的指挥员。有一次,一位战友在试飞中遇到了单发停车的险情。戴明盟那天也是担任指挥,他凭着丰富的经验指挥战友安全着陆,避免了险情。

试飞,就是这样一门残酷的科学!

然而,对于未来战场来说,它又是一门确保打胜仗的科学!

戴明盟常说:"飞行是我的人生抉择,也是我作为一名军人的使命所系、价值所在,面对生死考验,就要执着无悔,勇往直前。"

责任重如山,使命大于天!

所以生死之界、一念之间,国为重,己为轻。

戴明盟从军二十余年来,始终没有停歇追梦的脚步,把赤胆忠心化作搏击海天的铁血担当。

并不是单单只有幸运眷顾他，在试飞过程中，戴明盟也曾多次遇险，他都遇险不惊、临危不乱，一一化解。

那年6月的一天，也是一个试飞日。

戴明盟驾驶歼-15舰载战斗机，轻盈起飞。

战鹰昂首冲天而起，万万没想到，在离地几十米高度，战机像条刚出水的大鱼，上蹿下跳，顷刻间失去控制。

戴明盟下意识地往上拉操纵杆，飞机出现几秒钟的延时反应，产生了剧烈的俯仰震荡，一忽儿机头往上仰，一忽儿往下栽，反复不停……

塔台上，所有人都大惊失色。

这是一个从来没有遇过的险情。

戴明盟的心像被人猛地攥住了，发际间沁出了汗水，暗想：这家伙，今天怎么这样不听话？此时，人的本能反应是紧紧控制操纵杆，而越控制飞机震荡就越大，随时都可能机毁人亡。危急关头，戴明盟冷静应对，判断故障原因，放松操纵控制，通过操纵油门等措施，使战机逐步回

刀尖上的舞者
——"航母战斗机英雄试飞员"戴明盟的故事

归正常。

还有一次试飞，戴明盟在空中正要做动作，手中的驾驶杆突然"罢工"了。在不用力时，驾驶杆应该保持中立，可现在它却东倒西歪。戴明盟马上判断出是驾驶杆载荷机构出了故障，赶快采取相应措施，让飞机平稳飞行。由于与塔台指挥员的空地沟通很平静，未见任何异常，以至于地面其他人员都没有丝毫察觉，认为他这个起落飞得非常好。

飞机安全降落了。

戴明盟找到工业部门的同志，反映飞机在空中的情况。

工业部门的同志不相信，对他说："不会吧？你这个起落飞得这么稳，这么好，怎么可能有故障呢？"

戴明盟微微一笑，说："不信，你们查看一下飞行资料。"

一查资料，个个都傻了眼，立即上报工厂有关部门，立即通知停飞全面检修。

歼-15舰载战斗机总设计师孙聪闻讯也赶来了，离老远就和戴明盟打招呼:"盟盟啊,你可吓死我了。我一听说这事,腿就软了。"

戴明盟迎上前去,握着孙聪的手说:"对不起,让您老担心了。这不是没事吗?"

双手相握,孙聪使劲晃了晃,真诚地说:"怎么说对不起,我感谢你还来不及呢。设计时,我就怀疑这里有缺陷,果不然出事了,这可是很危险的。你为咱们飞机又立了一大功!"

"试飞就是找缺陷,这也是我的使命啊。"戴明盟笑着说。

在戴明盟心中,遇险不足为奇,战胜危险是试飞员的使命,更是试飞员的光荣。

肩扛使命,笑对风险。

如果有人要问我,对舰载机试飞员的最深印象是什么?"胆大包天,举重若轻!"这八个字肯定最先蹦出来。

骑着刀尖蹦舞蹈,跨着飞鲨撵惊涛。

刀尖上的舞者
——"航母战斗机英雄试飞员"戴明盟的故事

挥着利剑擒凶险,扛着使命把国报!

这首短诗是他们战斗生活的真实写照。

几年间,凭着大胆加科学的精神,戴明盟和战友们一次次挑战极限,创造了试飞着舰战机"零坠毁"和人员"零伤亡"的世界奇迹。

在这一个个世界奇迹面前,"飞鲨"被驯服了。

可是,戴明盟心里非常清楚:驯服"飞鲨",只是万里长征迈出的第一步,他和战友们在未来的航程上,还要迎接更多更大的挑战。

他们准备好了,必将赢得这次远征的胜利。

这是信念,也是信心。

第五章 无限风光在险峰

你的名字叫『辽宁』

你曾是一个生不逢时的孩子,"瓦良格"是你的乳名。

斑驳的锈色诉说着你凄苦的童年,遍体的灰霾掩盖了你的铁骨铮铮。

世间的风雨让你饱尝了国破政息的痛苦,十年的沉寂让你更加渴望燃烧激情。

感谢命运让你与一个东方巨人相逢,他用有力的大手牵引你走出尼古拉耶夫破败的船台。

从此开启了新的征程,他牵引着你穿越博斯普鲁斯海峡,他推动着你把好望角变成了身后的背影,一万五千海里的航迹串起了世界最大的三片海,628天的艰辛跋涉点燃了中华民族的航母梦。

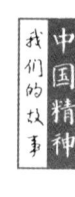

刀尖上的舞者
——航母战斗机英雄试飞员戴明盟的故事

你是共和国航母的长子,你真正的名字叫"辽宁"。

它不仅是一个省的符号,更深的含义是因你的出现让祖国辽阔的海疆安宁。

2012年9月25日是你的生日,那一天,整个中国都为你沸腾。

多少人为你喜极而泣,多少人为你举杯相庆,因为你已不只是一艘战舰,你是压抑在这个民族内心近百年的梦。

而今,正是家有男儿初长成,漂亮的海军灰让你容光焕发,巨大的相控阵让你更显威猛,甲板上放飞的架架战鹰告诉世人,你再不是那个黑海之畔羸弱的幼婴,舱室里忙碌的年轻水兵彰显着你血脉的搏动。

你又是共和国海军的幼子,但你的肩头却格外沉重。

因为这个国家对你寄予太多的期望,这个民族曾被别人的坚船巨炮肆意欺凌。

是必然还是巧合,你的首航海域紧邻甲午海战的那片海,你的首飞航线与英法联合炮击的大沽口遥遥相望……

是历史让你铭记,铭记一个民族曾经的屈辱。

是时代要你担当,担当中华民族复兴的使命。

高耸的舰岛是民族挺直的脊梁,巨大的甲板是祖国宽阔的胸膛,翻滚的航迹荡涤着百年的屈辱,战机的轰鸣奏响了复兴的乐章。

这就是你,中国第一艘航母的责任,必须是你,因为你的名字叫"辽宁"!

这首题为《你的名字叫"辽宁"》的散文诗,是时任辽宁舰副政委李东友创作的。他曾在多种场合激情朗诵过,也曾让无数人感动得热泪盈眶。它抒发了中国人压抑了太久太久的感情,它喊出了这个民族埋藏的太多太多的渴望⋯⋯

中国的航母梦、强军梦,源于强国梦,而我们的强军梦、强国梦又源于挨打、被列强欺辱的痛苦记忆。这是中国人的集体记忆。因此,人民海军把建好航母、开好航母、用好航母看作是一个寄托着中华民族伟大复兴梦想,

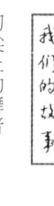

刀尖上的舞者——"航母战斗机英雄试飞员"戴明盟的故事

从苦难中挺起脊梁的事业。

辽宁舰的前身"瓦良格"号，绝不是最先进的航母，却堪称当今世界上最受关注的航母。自从"瓦良格"号停在大连改装以后，关于中国第一艘航空母舰的命名问题，国外媒体和国内网友的猜测和传言不断涌现。先有媒体猜测"瓦良格"号可能将命名为"施琅"号，引发网友对此的热议，从"施琅"号、"毛泽东"号、"泰山"号到"北京"号、"天津"号、"重庆"号等不同角度、不同寓意的航母名称建议不绝于耳。国内某网站还进行了关于"中国第一艘航母命名"的投票，共收到了6000多个回复，"毛泽东"号、"和平"号以及"北京"号成为最受支持的选项。

2012年9月25日上午10时，这是一个让中华民族永远铭记的时刻！

那天，初秋的大连港，阳光和煦，波平浪静，焕然一新的航空母舰彩旗高挂，已很少能找到原"瓦良格"号的影子。五星红旗和八一军旗下的全体舰员，精神抖擞，分区列队，展示着特有的威严。

我国第一艘航空母舰已按计划完成建造和试验试航工作，这天上午，在中国船舶重工集团公司大连造船厂正式交付人民海军，并向世界庄严宣布：我国第一艘航空母舰被命名为"辽宁舰"，舷号"16"。

国歌声中，热血澎湃！

碧海长天伴随着庄严的军礼，共同见证了这一伟大的时刻！

很多国人对中国首艘航母命名为"辽宁舰"，可能有些疑惑，当你了解了中国海军舰艇命名的一些规律之后，心里就释然了。

巡洋舰以上：以行政省（区）或直辖市命名，如辽宁舰。

驱逐舰：以大中城市命名，如武汉舰、济南舰等。

护卫舰：以中小城市命名，如安庆舰、巢湖舰等。

登陆舰：以山岳命名，如井冈山舰、昆仑山舰等。

补给舰：以湖泊命名，如太湖舰、微山湖舰等。

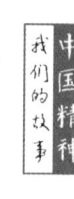

在人民海军的舰艇方阵中,还有战舰是用人名命名的:如远洋航海训练舰"郑和"舰,大型国防动员舰"世昌"舰,武器装备试验舰"华罗庚"舰等。

一般情况下,舰艇的舷号是:作战舰艇为三位数,训练舰艇为两位数。辽宁舰的命名和舷号"16",主要综合考虑了建造地、训练基地位置、历史渊源以及是集训练、作战为一体的大型军舰等这样几种因素。辽宁舰入列,表明从今以后它具有了自己的舷号和名称;同时,还标志着辽宁舰已经作为海军的正式作战单位编入到海军序列。它从一个研制型的装备变成了正式的装备;以前是由研制方为主,以船厂的工程师、科研院所的工程师为主,海军官兵在那里学习操作、学习互相之间的协调,入列后变成以海军为主,工程师们随舰帮助继续进行训练。

这里有一首名为《去远航》的歌,似乎是专门写给海军,专门写给辽宁舰的,官兵们唱得那样深情,那样雄壮:

穿越波涛汹涌的时光,走过百年兴衰的沧桑,我看见甲午如血的残阳,我听见"致远"号最后的炮响,浪花朵朵,在我的船头开放。

我知道,那是我等了一百年,你没有归来的勇士,不死的灵魂在歌唱。

面对风起云涌的海洋,踏平碧波万顷的海浪,头上是呼啸而过的战鹰,身边是战舰列队去远航,海风阵阵,在我的脸上吹过。

我知道,那是我蔚蓝的国土,在呼唤年轻的水兵,筑起那钢铁海疆。

去远航,一个崛起的民族在我身后!

去远航,一支英雄的舰队破浪向前方!

……

戴明盟和辽宁舰的战友们一样,非常喜欢也非常爱唱这首名为《去远航》的歌曲,因为它唱出了人民海军官兵

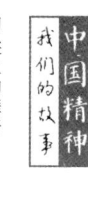

的心声。

那天,戴明盟虽然没有去参加那场庄严的典礼,但那颗会飞翔的心始终盘旋在辽宁舰的上方。

晚饭后,看过中央电视台19时播出的《新闻联播》,整座军营沸腾了,此起彼伏的鞭炮声不绝于耳,还有五彩缤纷的焰火炸响在机场上空。

戴明盟也坐不住了,他和同是来自"海空雄鹰团"的试飞员徐汉军一起走出房间,刚出门,就遇到了综合试验训练基地时任政委的姚丹江。姚丹江是他们的老领导,刚调到这个基地不久,虽然不是一个单位,但为了一个共同的事业,使中国航母尽快形成战斗力,又和他们走到了一起。他们沿海边跑道兴奋地走着,任凉爽的海风吹拂发烫的面颊,平复一下浪奔潮涌的心情,话题也很集中,离不开辽宁舰。

他们谈辽宁舰入列的意义;他们讲辽宁舰未来的发展;他们说辽宁舰的训练方式。他们都非常清楚,辽宁舰入列之后,人们对它的最大关注点就是何时"机上舰"……

姚丹江说:"盟盟,就看你们的了。"

戴明盟兴奋地点点头,回答:"是呀,政委,我们已经准备好了,早就盼望着这一天呢。"

"我们不会让战友们失望,不会让祖母人民失望!"徐汉军表明了决心。

姚丹江不无忧虑地说:"你们一定要做到万无一失啊,这风险太大啦。"他的担心和忧虑是有根据的,据美国安全中心统计,舰载机飞行员的事故率是航天员的5倍,是陆基飞行员的10倍,其中百分之八十的事故发生在着舰过程中。

你想想,比航天员的风险还要大,这风险恐怕是世上顶级的了。

这并不是耸人听闻!仅以世界头号军事强国美国为例,统计数据显示,从二战时期美国海军开始大规模在航空母舰上部署飞机到1988年,美国海军航空兵和海军陆战队就损失了近1.2万架飞机和8000多名飞行员。另据一份公开资料显示,从1965年至1985年的20年间,美国海军共摔

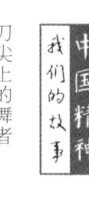

过1354架舰载机,其中多半是在着舰过程中失事的,有近1000名舰载机飞行员殉职。这两份资料数据相比,可见前期探索阶段航母舰载机着舰的高事故率,损失尤为惨重。曾当过舰载机飞行员后又干过美国总统的老布什,在回忆录中曾经提到,舰载机飞行员在训练和作战中,有将近十分之一的人因着陆阶段的技术失误发生坠机事故。

如此高风险,戴明盟非常清楚,但他也更加知道:"一个崛起的民族在我身后!"

为了实现中华民族的伟大复兴,再大的风险也要冒!

戴明盟满怀深情地对老战友徐汉军说:"汉军,只要上舰就会有风险,你的技术也是没说的。如果这次我牺牲了,你接着上!"

徐汉军郑重地点点头,坚定地说:"盟盟,你放心。只要咱们还有一人在,就一定飞成功!"

姚丹江听着他们的对话,眼睛湿润了,心潮难平。

他暗想:勇者无畏,强者无敌。他们早已将生死置之度外,还有什么不敢干、不敢闯的呢?还有什么困难、什么凶险战胜不了的呢?

姚丹江是个很严肃的人,感情也很少外露。此刻,他情不自禁地地张开双臂,分别搭在戴明盟、徐汉军肩上,豪迈地说:"咱们组成箭形编队,起飞!"

"好!起飞!"戴明盟和徐汉军异口同声地回应道。

"哈哈哈!"

笑声在夜空里飘荡,三个人如孩子般在跑道上追逐、嬉闹着……

这一晚,他们在跑道上走了很久,也谈了许多,还为未来挑战风险做好了充分的思想准备。

伴随着人民海军第一艘航母辽宁舰的横空出世,共和国第一代舰载战斗机试飞员,将怀揣着英雄梦,以惊天的勇气和无比的智慧胆识,在蓝天碧海之间创造世界航空史上的一个个奇迹!

航母与战机是大国之剑,他们便是大国之胆。

剑胆琴心,在茫茫大海之上,他们将精彩演绎一出出惊世的话剧,呈现一幕幕舰、机、人完美合一的历史性

刀尖上的舞者
——"航母战斗机英雄试飞员"戴明盟的故事

瞬间。

戴明盟说:"我们是一个特殊的群体,自从与舰载机结缘后,我们已经不仅仅属于自己,而且还属于伟大的军队、伟大的国家和伟大的民族了。"

首次"亲密接触"

神鹰掠空过,利剑刺苍穹!

2011年12月9日。

歼-15舰载战斗机的首次绕舰飞行训练,是在这一天进行的。

根据辽宁舰航行试验计划,歼-15舰载战斗机在这次训练中,要完成寻舰飞行、绕舰、下滑道进入、通过母舰上空、触舰复飞等课目训练。绕舰飞行的目的,是在舰、机之间形成初步协同,为今后歼-15舰载战斗机着舰奠定基础。

首飞还是戴明盟,用现在的流行语来说,他要驾机与航母进行第一次"亲密接触"。

刀尖上的舞者
——"航母战斗机英雄试飞员"戴明盟的故事

清晨,朝阳驱散了笼罩在机场上空的一层薄雾,歼-15舰载战斗机雄踞在跑道一端,如刀锋般伸展的机翼泛着银光,双垂尾翼上"飞鲨"的标志尤其显得威猛。

戴明盟微笑着走来了,信心满满地跨进座舱,然后从容不迫地驾驶战鹰,加速向深海飞去。

大海深处,辽宁舰正犁波斩浪,在预定海域航行。

戴明盟到达预定空域之后,推了一下驾驶杆,机警的眼睛如雷达般在搜寻,他的首要任务是发现目标,找到辽宁舰。

航母是最大的水面舰艇。

辽宁舰虽然还不能和美军的航母相比,但它的全长也有300多米,宽为70多米,从轮毂到桅杆的高度是60多米,主甲板以下是10层,主甲板以上舰岛式的上层建筑9层,相当于20层楼房的高度。它还有3500多个舱室,上万套设备,近2000人战斗生活在上面。有人曾经这样形象地假设:如果一个婴儿从出生那天起住进辽宁舰,一天住一个舱室,等到住完全部舱室,他也快十岁了。

但是，这样一个庞然大物，从高空往下俯瞰，也只不过是茫茫大海之上的一叶扁舟。有人还说，像漂浮在海面上的一只火柴盒子。戴明盟在空中盘旋了几圈之后，循着辽宁舰航行的尾迹捕捉到它，偌大的战舰在他的视野中像是一枚纪念邮票。

戴明盟驾驶歼-15舰载战斗机接近目标，开始了舰机适配试验的第二项任务——绕舰飞行。绕了几圈之后，战鹰开始下滑，矫健地掠过辽宁舰的上空，声震惊涛骇浪，势压万马奔腾。

歼-15舰载战斗机的每一次通过，都引起辽宁舰飞行甲板上的战友一片欢呼。那一刻，他们甚至忘记了凶险。

这是公认的常识，航母飞行甲板是"世界上最危险的4.5英亩"。普通人看来，这块地非常宽阔，可要是在上面起降飞机，就非常狭窄了。它仅有300多米长，最宽处也不过70米，通俗地讲，这个狭窄的地带就是飞机跑道，航空部门的许多人员要在上面保障飞机起降，危险程度可想而知。

我曾在他们工作时登上辽宁舰的飞行甲板，副舰长王

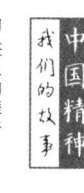

中国精神 我们的故事
刀尖上的舞者
——"航母战斗机英雄试飞员"戴明盟的故事

吉亮向我介绍道:"在舰面上,各战位的人员都身着五颜六色的服装,这与传统军舰上统一颜色的着装要求产生了极大的差别。不同的战位,使命不同,穿着服装的颜色也不同。"他指了指正在甲板上忙碌的舰员,"你看,这些官兵头盔、马甲、长袖套衫的不同颜色以及他们背后不同的文字、图案和符号,表明了他们的战位和职责,外行看起来,仿佛在甲板上看到了七彩的'彩虹',因此我们也称之为'甲板彩虹服'或'七彩战衣'。"

"赤棕黄蓝白绿紫。"王吉亮掰着手指给我详细介绍了每一种颜色的含义:

红色。穿红色服装的舰员通常工作在比较危险和安全管控的战位。穿红色上衣、背心,戴红色头盔的,是弹药保障人员的着装,负责装载弹药。飞机失事救护员、爆炸物处理、消防员,都穿红色衣服、戴红色头盔。

棕色。这是机务保障人员的着装基调。前胸分别标示着"机械、军械、特设、航电"四大专业。

黄色。穿黄色衣服、戴黄色头盔的是航母甲板上的航空指挥人员,代表调运和滑行引导,类似于交通信号灯的黄灯,有"准备放行"之意。

蓝色。在航母上,穿蓝色工作服的主要是调运员和设备员。蓝衣服、蓝头盔、工作服上胸背印有牵引机符号的,则是舰上的牵引机司机。

白色。航母上穿白色服装的人数比较多,代表着舰指挥、医务、政工战位和临时上舰人员。着舰指挥官身着标"LSO"的白色工作服,不戴头盔。他指挥的位置位于飞行甲板左后部的一个平台。他需要详细了解降落的飞机特性、气象情况、飞行情况,并随时与飞行员联系,及时准确操纵灯光信号,确保飞机安全着舰,是所有甲板人员中权力最大、职责最重要的人。

绿色。代表起降和特种装置操作战位,有安全放行的意思。

紫色。代表副油和燃油加注补给战位。

中国精神 我们的故事

刀尖上的舞者
——"航母战斗机英雄试飞员"戴明盟的故事

之所以穿着"七彩战衣",主要是因为人员太多,岗位繁杂,便于分辨,同时还有安全考虑——醒目。

戴明盟要驾机进行触舰复飞了,飞行甲板上顿时安静下来,空气和时间都仿佛凝固了一般,战友们屏息静气地注视着飞机和母舰真正接触的一刹那……

为了使大家能够了解这一接触的重大意义,这里需要解读一下什么叫触舰复飞。

按照军事飞行的惯例,飞机轮胎轻微触及航母飞机跑道,然后迅速离开,并非严格意义上的着舰。这和我们一般所说的连续起飞看似类似,其实是完全不同的。连续起飞过程飞机其实已经完成着陆,飞机的重量已经完全通过起落装置支撑在道面上,而轻微触舰复飞,飞机的重量其实并没有完全支撑在跑道面上,此时机翼的升力依然承载着飞机重量,起落装置其实只是一个触及面,然后迅速拉起再次离开,这个过程其实更像是低高度复飞,只是机轮触及跑道面而已。

  触舰复飞尽管不是严格意义上的着舰，然而，其意义却非常重要。我们知道，作为首次着舰成功的标志性时刻，要达成这一目的必须经过艰苦的努力，除了在陆地机场模拟舰道面上进行模拟着舰训练，舰上训练的过程也是漫长和艰苦的，要做的各项准备工作和练习内容非常之多。当然，最后阶段也是最关键的阶段是低空通过航母、触舰复飞和最终的正式着舰。

  低空通过航母的训练目的，是使飞行员熟悉航母进场程序和迫近航母的危险环境，除了程序的复杂需要不断训练来适应外，更重要的是对迫近航母时巨大心理负荷的适应性。从心理学的角度来讲，这个过程叫心理代偿训练，就是逐步使飞行员适应复杂危险环境，从而最终消除心理障碍，这对飞行员着舰成功是最为关键的。另外，触舰复飞与低空通过最大的不同是，可以使飞行员正确体会着舰的操纵程序和动态，除了挂阻拦索和减速过程外，整个过程与正式着舰完全相同，因此触舰复飞训练是必不可少的。

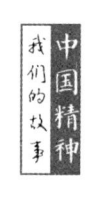

刀尖上的舞者
——「航母战斗机英雄试飞员」戴明盟的故事

戴明盟以漂亮的姿态接连完成了几次触舰复飞,然后,他把飞机拉起来,绕着辽宁舰又飞行了几圈,以这种特殊的方式向辽宁舰上的战友们致意。战友们昂首挥手,向他表示祝贺。他们都知道,离战机着舰那一历史时刻,为期不远了。

刀尖上的舞蹈

像霹雳撕裂长空,
似闪电穿越云层,
我从航母起飞,
海天上有我的英雄梦。

壮志在胸中升腾,
豪情在心头涌动,
大地给我力量,
刀尖上舞出绚丽人生。

白云和我相伴,

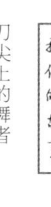

刀尖上的舞者
——"航母战斗机英雄试飞员"戴明盟的故事

海鸥与我同行,

起伏的甲板是母亲的怀抱,

拍天的巨浪是我忠实的弟兄。

起飞,

起飞,

我从航母起飞,

海天上成就我的英雄梦!

这首题为《起飞》的歌词,是笔名为"小雨"的海军军人家属专门为舰载机飞行员创作的。

舰载战斗机在航空母舰上起降,难度极大。

大家可以想象,航空母舰的飞行甲板跑道长度只有陆地机场的十分之一,能够提供舰载战斗机起降的距离只有100米左右。而舰载机起降时,航空母舰仍在航行中,会产生纵向、横向摇动。飞机着舰时,需要保持数百千米的时速,在眨眼间着舰挂索成功;起飞时,飞机需要在数秒内滑跃起来，否则将会坠落海中，酿成惨剧。在着舰的过程中，舰载机也备受考验。舰载机的载油量不能太多或太少。一旦发生事故，太多的燃油会引燃整个甲板；太少的燃油则会造成降落失败后"逃逸复飞"计划的夭折。飞机降落速度不能太快或太慢，太快容易引起过载而拉断阻拦索；太慢则会导致飞机控制力减弱，不仅不容易钩住阻拦索，而且一旦着舰失败，很难再次拉起复飞。

特别是对飞行员来说，顶风穿云驾驶飞机降落到摇摆不定的移动甲板上，是一次从身体极限、飞行技术、意志品质到心理素质的极端考验。在抵近航母的过程中，飞行员需要把航母甲板当作一个移动坐标原点，根据它不断调整飞行姿态——爬坡、转弯，观察、控制飞行轨迹，保证准确进入降落航线，降落瞬间要完成收腹、收腿、绷紧肌肉等动作，否则强大的过载可能会造成脱臼、晕厥以及短时失明等身体损害。可以说，每一个起落都是命悬一线，都是过"鬼门关"。

因此，国外有人用"刀尖上的舞蹈"来形容舰载机着

刀尖上的舞者
——"航母战斗机英雄试飞员"戴明盟的故事

舰,用"刀尖上的舞者"来称呼舰载机飞行员。这一切都给舰载机飞行员提出了极高的要求,也使得舰载机飞行员的选拔培养堪比航天员,有些条件甚至更为苛刻。

了解了这些情况之后,我还要对我国首艘航母辽宁舰的一些情况和飞行甲板上主要协助着舰的装置做点介绍,也算对航空母舰知识的一点普及:

辽宁舰是一艘常规动力航母。

根据设计,辽宁舰可搭载固定翼飞机和直升机。

辽宁舰上的固定翼舰载战斗机采用的是滑跃式起飞方式。

航母舰载机有弹射式起飞、滑跃式起飞、垂直起飞三种方式。目前,歼击舰载机的起飞主要采用弹射起飞和滑跃起飞两种方式。

弹射起飞方式,主要是利用安装在航空母舰飞行甲板上的弹射器提供的弹射动力,在短时间内使舰载机在长度有限的飞行甲板上迅速起飞。它主要有三个特点:一是弹射简便。使用弹射器辅助舰载机起飞,操作简便,并且舰载机不分型号、种类及起飞重量、推重比大小,均可通过弹射器的弹射离舰起飞。二是弹射快捷。比如美国尼米兹航空母舰上装置了4部弹射器,舰载机起飞间隔仅为15秒。三是弹射起飞的成本高,维修性差。弹射起飞的关键在于弹射器,然而,弹射器造价昂贵、技术和工艺都非常复杂,而且体积大,重量重,故障率高,维修性也比较差。

滑跃起飞方式,又称斜板起飞,是指舰载机仅依靠自身动力,首先在航空母舰飞行甲板跑道上加速滑跑,后经舰艏上斜翘甲板(又称滑跃式甲板或滑橇式甲板),使舰载机在离舰瞬间被赋予一定航迹倾斜角、向上的垂直分速度和一定的初始高度,使舰载机跃入空中得以继续爬升,从而实现离舰起飞的目的。辽宁舰飞行甲板的倾斜角为14度。

目前,采用滑跃起飞技术的国家主要包括英国、俄罗斯、西班牙、意大利、印度、泰国等。与采用平直飞行甲板的自主起飞相比,采用上翘式斜甲板的滑跃起飞具有许多独特的优势:一是可大大缩短舰载机的起飞滑跑距离;

二是可减少舰载机对甲板风的要求,节省航空母舰的燃油消耗;三是可增加舰载机的有效载荷。另外,滑跃起飞对飞行员而言,可增加其安全性并减轻其负担。

此外,与弹射起飞相比,滑跃起飞具有技术简单、造价低廉、维护方便、节约淡水等优点。但滑跃起飞也存在诸多缺陷,如舰载机不仅载重量小,留空时间短,所需的飞行甲板跑道较长,占用的飞行甲板空间更大,舰载机起飞与着舰相互间影响大,起飞所用时间长,舰载机出动效率相对较低。而且,最主要的缺陷是,采用滑跃起飞术的航空母舰通常不能搭载固定翼舰载预警机。为了弥补这一缺陷,采用滑跃式飞行甲板的航空母舰一般配备舰载预警直升机。

舰载战斗机着舰起飞,无论是对飞行员,还是对全体舰员,都是一场前所未有的大考。舰、机、人,任何一方面出现一个小差错,后果都不堪设想。

前面我们已经知道,舰载战斗机在着舰时必须钩住阻拦索。辽宁舰上的阻拦索装置,安装在飞行甲板后部,完全由我国自主研制制造。在战机着舰时与尾钩完全咬合后，在短短数秒内使战机速度从数百千米的时速减小为零，并使战机滑行距离不超过百米。阻拦索共4条，铺设于航母甲板之上。

它是什么样的材料制成的？为什么能够承受数吨重的战机以高速冲击？阻拦装置经过近百年的发展，经历了哪些阶段？这里我引用一些专家的话给大家进行详细解释：

通常我们看到的，铺设于航母甲板上的4条阻拦索只是阻拦装置中的一个组成部分。航空母舰整个阻拦装置，包含了阻拦索装置和阻拦网装置。阻拦网装置通常会布置于最后两根阻拦索之间，用于战斗中舰载机尾钩受损、飞行员受伤无法准确完成降落操作和燃油不足等非正常着陆。日常情况下不设置阻拦网，只要航空母舰撑起阻拦网，基本可以判断要出大问题了。

自从航母问世以来，人们对阻拦装置的研究就从没停止过，从最初简陋的重力式阻拦装置开始，陆续开发了摩

刀尖上的舞者
——"航母战斗机英雄试飞员"戴明盟的故事

擦刹车式阻拦装置、液力式阻拦装置以及正在研究开发中的电磁式阻拦装置。目前,我国辽宁舰采用的就是世界主流的液力式阻拦装置。

阻拦装置是航母发展的重要一环。

阻拦装置的雏形,是在很粗的麻绳两端挂上一定重量的沙袋,飞机降落后用尾钩钩住麻绳制动。1911年,安装了22道简易阻拦索装置和木质滑行台的"宾夕法尼亚"号巡洋舰停泊在旧金山附近海域,美国飞行员伊利驾驶重量仅半吨的螺旋桨式飞机,在挂住11道阻拦索后,稳稳地停在距离跑道终端9米的位置。这一壮举引起了世界关注。一年后美国海军建立了第一支海军航空兵部队,紧接着英国、德国和法国都先后建立海军航空兵部队,并着手开始了舰载机着舰训练。

随着现代喷气式战斗机速度越来越快,如果不加以阻拦,喷气式舰载机至少滑行数千米才能停下,而普通的航空母舰的甲板长度也就250米左右,因此阻拦装置成为短时让舰载机停止运动的重要设备。从舰载机尾钩钩住甲板上的阻拦索的那一刻起，飞机的巨大动能就需要被快速转变为其他能量，普通舰载机的阻拦冲跑距离（从飞机钩住阻拦索到完全停止）约为80米，阻拦全过程需要3秒左右。

当舰载机钩住阻拦索后，阻拦索在拉伸过程中带动甲板下的滑轮缓冲装置，再通过能量转换装置的一系列运转，将动能转换为液压油的热能和空气的势能。当数吨重的战机以300千米的速度冲击阻拦索时，参与能量转换的液压油液温度值会发生巨大变化。阻拦装置的高强度使用对整个系统的安全性都提出了很高的要求。

数年前，俄罗斯一架舰载机钩住阻拦索后即将停止，就在飞行员关闭发动机的瞬间，阻拦索突然断裂，舰载机靠着惯性慢慢滑进大海，虽然飞行员依靠弹射得以逃生，但舰载机瞬间沉入了1000多米的海底。因此，即使舰载机降落后，飞行员也不能立即关闭发动机，以防阻拦索突然断裂。就在前不久的一次任务中，俄罗斯航母上的舰载机又有两架接连失事。

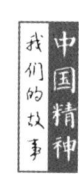

刀尖上的舞者——"航母战斗机英雄试飞员"戴明盟的故事

了解这些知识后，我们还要知道，虽然有了阻拦系统，舰载机的降落仍然令人提心吊胆。舰载机降落时事故最多的情况，是阻拦索断开。马上拉断还算幸运，舰载机仍可保持较快速度立即复飞。如果在末端拉断阻拦索，舰载机速度下降太多，就只有坠海一条路了。

有人说，13亿人中，只有少数人有幸承担国家使命。

戴明盟就是这少数人中的一个。

他说："祖国选择了我们，我们就要不辱使命，勇于担当。"

海军首长和机关经过多次检查验收后认为：通过前期科研试飞、技术攻关和按纲施训，舰载机飞行员已经探索并固化了着舰飞行方法，突破了滑跃起飞、阻拦着陆等上舰飞行关键技术，掌握了着舰飞行的注意力分配和操作方法，熟悉了舰载战斗机的性能和特点，体会了侧风、低能见度、不稳定气流条件下偏差修正的动作要领，飞机和特种设备经受了科研试飞的考验，组织指挥程序初步形成，已经具备了舰载战斗机上舰的条件。

水到渠成，一切都准备好了。海军党委决定：在2012年的11月中下旬，进行首次着舰起飞试验试航。

第一次模拟定点着陆、第一次冲索试验、第一次陆上滑跃起飞、第一次驾机触舰……试飞中几乎所有的"第一次"都是由戴明盟来完成的。是为了检验他的成熟，还是为了考验他的智谋？历史把一个关键时刻的关键战役交给了戴明盟，将第一个着舰起飞的重任又放在了他的肩上。

在确定了着舰顺序之后，时任海军司令员吴胜利、时任海军政委刘晓江还专门请他们这帮试飞员吃了一顿饭，给他们鼓劲加油。

吴胜利司令员说："第一个着舰有第一个的压力，第二个有第二个的压力，希望同志们正确对待压力，旗开得胜，给党中央、中央军委和全国人民一个惊喜。"

刘晓江政委说："我今天很高兴，我们的航母事业终于要开花结果了。海军党委、首长相信你们一定能够成功，我这里提前向你们这些英雄试飞员们表示祝贺！"

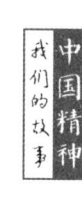

刀尖上的舞者
——"航母战斗机英雄试飞员"戴明盟的故事

听着首长亲切的话语,戴明盟热血沸腾,盼望着这一天早一点到来。

2012年11月中下旬。

寒风呼啸,雪雨迷蒙,大海深处,战舰破浪前行……

这次试验试航,目标就是机上舰!备受外界关注的我国航母舰载战斗机首次着舰进入最关键时刻。

可是,老天也似乎在有意考验这支新生的中国航母部队,接连几天板着一副严肃的脸庞,似磨刀石般的青灰,很少让太阳、星星出来绽露一下笑容。到了预先确定舰载机要着舰的前一天,依然朔风劲吹,忽而雨伴着雪,忽而雪夹着雨,纷纷扬扬地在天与海之间飘舞……

那么,舰载战斗机着舰对舰面稳定性有什么要求?

舰载战斗机在航空母舰上起降时,因航母受海上涌浪影响,舰体会出现纵摇,横摇,垂荡(俯仰、滚转、偏航、上下起伏)等运动,从而破坏了舰面稳定性,严重威胁舰载战斗机起降安全，增加了舰载战斗机起降过程中的不确定性和危险性。因此，在舰载战斗机起降过程中，必须先考虑对舰面甲板运动的补偿，减少舰体纵摇和垂荡运动造成的着舰误差，提高着舰精度。

　　航空母舰的舰面稳定性对舰载机的安全起降有很大影响，尤其是大浪涌造成航空母舰舰体的上下颠簸对舰载机的安全起降更为不利。美国一位F/A-18"大黄蜂"战斗机的飞行员在谈到这一影响时说："在这种情况下，往往是眼看着航空母舰的后端升上来，在舰载机差一步就要着舰的时候，甲板后端一下子又沉了下去，使拦阻钩抓空，错过了阻拦索，这时舰载机是很危险的。如果这种纵摇的周期较长，如1分钟，还相对好一些；如果周期短，如20秒，着舰就非常困难了。"为此，美国和俄罗斯海军规定，舰载机着舰时航空母舰的纵摇不得超过2度，横摇不得超过7度，而舰艉的下沉量不得超过1.5米；否则，舰载机着舰时其着舰拦阻钩钩住阻拦索将是十分困难和不安全的。同样，当舰载机起飞离舰时舰艏也不得下沉太多，经计算，

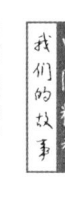

刀尖上的舞者
——"航母战斗机英雄试飞员"戴明盟的故事

每下沉1度,舰载机离舰速度必须提高37千米/小时,方能保证舰载机安全起飞离舰。另外,航空母舰舰体的纵摇对舰载机主起落架和着舰拦阻钩的强度设计也有很大影响,因为这时舰载机的冲击载荷要比航空母舰舰体无纵摇情况下大得多。

23日清晨,天公作美,渤海湾雪后初霁,难得的风平浪静,波光粼粼。我国航母舰载战斗机首次着舰起飞的惊天大戏,在一片灿烂的朝阳中拉开大幕。辽宁舰迎风高速航行,在翡翠般的海面上犁下一道银色的航迹。一切显得如此宁静,似乎连大海也为即将到来的歼-15舰载战斗机着舰起飞,轻轻屏住了呼吸。

戴明盟头天晚上睡得很踏实,他是6点多钟醒来的,起床后他拉开窗帘一看,天气出奇地好。他马上兴奋起来,心中暗想:今天有戏。

进场,准备有序。

开飞,准点准时。

滑跑，风驰电掣。

起飞，拔地而起。

戴明盟驾驶552号歼-15舰载战斗机升空，即将演绎"刀尖上的舞蹈"。

这个"刀尖"很小——高速飞行的战机，必须精准落在甲板上4根阻拦索之间，而每根阻拦索间隔12米，有效着陆区域仅有36米，超过1毫米就是失败。

这个"舞蹈"很难——把疾如闪电的战斗机降落在行进中的航母甲板，形同过"鬼门关"，稍有闪失，后果不堪设想。

此时此刻，戴明盟却没有想这么多，而是和平时训练一样，信心满满地加速向深海飞去。他极目往前望着，天空万里无云，能见度非常好；他俯身往下看去，海面平如蓝缎，闪着粼粼波光。在预先准备时，他还担心渤海在秋冬季节风流大，空中风对飞行有影响，可现在一切都与往日不一样，戴明盟在心中不由赞叹："好！老天爷也在帮我们啊！"

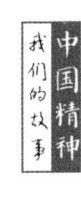

刀尖上的舞者
——"航母战斗机英雄试飞员"戴明盟的故事

很快,辽宁舰出现在戴明盟的视野里,俨然漂浮在汪洋中的一片树叶。"舞蹈"就要开始了,辽宁舰上的官兵们都捏着一把汗。

8时45分,辽宁舰广播播报:"552号已于8时41分起飞,预计8时55分左右临空,进行阻拦作业试验。"随着这声通播的响起,整个辽宁舰突然安静了下来,从飞行甲板到最底层的机舱,每一个战位上的每一名舰员,都不由自主地紧张起来,无论是在舰岛还是在每一块监控屏前面。除了设备运行发出的细微嗡嗡声,没有人交谈,每一双眼睛、每一个镜头都紧紧盯着战鹰可能出现的方向。

飞行塔台内,时钟指针的每一次跳动,都在揪着人心。

9时整,天边传来轰鸣声,战鹰如期出现在预定空域。塔台内,一双双充满血丝的眼睛,紧盯着监视屏幕上不断跳动的参数和曲线。

近了,近了,更近了!

着舰指挥官邹建国告诉戴明盟:"一切正常,从舰艉通过。"

戴明盟平静地回答："明白。"

他加入着舰起落航线，驾战鹰像凌波海燕，轻巧灵活地掠过甲板上空，完成了着舰前第一次绕舰复飞。

9时04分，戴明盟又精准地控制战鹰，出色地完成了触舰复飞课目，轻盈的身姿犹如蜻蜓点水。

甲板上，不等飞机留下的尾烟散尽，舰面保障人员就迅速冲了上去，展开了飞行前甲板异物再次排查。随着甲板的再次清空，一切准备都已就绪。中国航母敞开了宽广的胸膛，随时准备迎接与战鹰的第一次拥抱。

时间仅仅过去了3分钟，可每一秒都显得那么漫长……

"轰隆隆……"天边传来一声闷雷，舰艉方向，戴明盟驾驶552号歼-15舰载战斗机，像一只羽翼贲张的雄鹰，再次出现在人们的视野中。绕舰一转弯、二转弯，放下起落架，放下尾钩，歼-15舰载战斗机调整好姿态，对准甲板跑道，以近乎完美的下滑轨迹开始降落。此时，天空、大海、在场的官兵都屏住了呼吸，静听着戴明盟和邹建国平静得像闲聊似的对话……

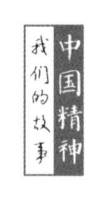

刀尖上的舞者
——"航母战斗机英雄试飞员"戴明盟的故事

戴明盟报告："起落架襟翼好,安全带锁紧,油量×××!"

着舰指挥官回复："姿态好,保持!"

戴明盟："明白,请示下降高度!"

着舰指挥员："可以下降至×××!"

戴明盟："明白!"

在这时断时续、不急不缓的对话声中,舰、机配合惊人的默契。300米、200米、50米……飞机发动机的咆哮声越来越大。

声如千骑疾,气卷万山来。

在这对话中,戴明盟娴熟地操纵着战机,放下起落架,放下尾钩,调整好姿态飞至舰艉后上方,瞄准甲板跑道,以几近完美的轨迹迅速下滑。

戴明盟在预先准备时,就设想目标是挂第二道阻拦索,这是最理想的位置。如果挂第一道,万一挂不上,就只能复飞;如果挂第三道,尾钩就有可能跳到第四道上,这样不托底。

下滑、下滑、下滑……

飞机就要接触到甲板了,戴明盟觉得飞机稍有一点高,他很自信地轻收了一点油门。

为什么说他自信,因为"速度、迎角、姿态"和"保角、对中、看灯",是战舰着舰的两个三要素。速度大了,有可能把阻拦索拉断,或挂不上;小了也不行,有可能靠后,挂不准。要保持等速、等迎角和姿态不变,在轮子接舰的那一瞬间,还要把油门推到最前面,一旦不成功,没有挂上阻拦索,随时都能逃逸复飞,挂上后,才能收油门、踩刹车。

9时08分!

惊心动魄的一幕以迅雷不及掩耳之势展现在人们面前:

随着砰的一声拉动弓弦般的脆响,眨眼间,舰载机的两个后轮"拍"在甲板上,机腹后方的尾钩精准地钩住了第二道阻拦索,飞机掀起的气流,猛然涌向两侧,激起了一缕青烟,一个象征胜利的巨大"V"字出现在飞行甲板

中国精神 我们的故事

刀尖上的舞者
——"航母战斗机英雄试飞员"戴明盟的故事

上,阻拦索的两端构成"V"字的两边,尾钩钩住处,正是"V"字的底端。刹那间,疾如闪电的舰载机在阻拦索系统的作用下滑行数十米,稳稳停在飞行跑道上。

"好样的!"着舰指挥官邹建国当场给戴明盟打了个满分。

现场掌声雷动。

"成功了!"

掌声和欢呼声,瞬间激活了所有人紧绷的神经,一颗颗揪紧的心,一下子舒展开来,每个人的脸上都绽放出胜利的笑容。

战位上,许多人落泪了!

他们说:"太让人激动了!"

为了这一着,面对技术封锁,多少人殚精竭虑,青丝变白发;多少人顽强攻关,累倒在试验场;多少人无怨无悔,默默奉献……今天,终于有了一个圆满的结果,能不激动吗?

552号歼-15舰载战斗机轻轻收起尾钩、襟翼,折叠机翼,在引导员指挥下缓缓滑行到机务准备位置,发动机关闭,座舱盖开启,戴明盟在座舱里高高扬起了手臂。

现场沸腾了!

戴明盟满脸含笑,跨出座舱,走下了飞机。

在场等候的总部、海军首长和工业部门领导快步迎上前去,与戴明盟热烈握手拥抱。

这一刻,戴明盟是甲板上当之无愧的明星!

不,他是令我们整个中华民族骄傲的英雄!

在舰载战斗机着舰的那一瞬间,航母试验试航指挥部总指挥、时任海军副司令员张永义中将泪水满面……

此时,张永义顺着舷梯,快速地从舰岛顶端跑向飞行甲板,戴明盟刚抬起手臂准备向首长敬礼,张永义一把抱住了他。

长时间的拥抱!泪水再次奔涌而出……

张永义中将是飞行员出身,海军航空兵的功勋飞行员。

这一刻,他已经盼了半辈子;

这一刻,人民海军官兵已经盼了六十多年;

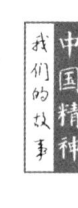

这一刻,中国人等待了太久、太久……

这一刻,除了泪水和拥抱,还有什么更能表达我们内心激动万分的感情和汹涌澎湃的豪情!

稍微平静了一下心情,张永义亲切地问戴明盟:"感觉怎么样?"

"感觉好极了!"戴明盟自豪地回答。

张永义抬手拭了一下眼角,含泪笑了。

歼-15舰载战斗机前沸腾了,鲜花映衬着戴明盟的笑脸,人们忘情地与戴明盟紧紧拥抱,争相与戴明盟合影留念……

"咔嚓!""咔嚓!"……

随着照相机的快门声响起,中国第一位成功着舰的航母舰载战斗机飞行员的风采,定格在人们的镜头里,镌刻在共和国的史册上。

平静一下,再平静一下……

等现场稍微平静以后,在起飞准备之前,戴明盟来到时任海军副司令员张永义所在的舱室,他要陪老首长坐一会儿。

张永义的眼圈还红着,他深情地望着戴明盟,说:"盟盟,马上又要起飞了,我相信,你会飞得更加漂亮。不要松劲,虽说这个阶段画句号了,可前面的路还很远。"

戴明盟郑重地点了点头。

首长的话,他记住了。

舰面地勤人员顾不上长久地回味舰载战斗机着舰成功的喜悦,他们又立即行动起来,迅速投入到舰载战斗机起飞的准备作业中。

加油、供电、充氧、惯导对准……

发动机、座舱、飞机外表、起落架检查……

三个小时后,一场新的战斗又打响了。

戴明盟在放飞单上郑重地签上了自己的名字,脸上挂着他那副招牌式的微笑,向首长和战友们、向工业部门的领导和技术人员挥了挥手,信心满满地又一次跨进了552号歼-15舰载战斗机的座舱。戴明盟又要开始新的冲锋,在

辽宁舰上沿着14度滑跃甲板滑跃起飞。

着舰,对舰、机、人是一场生死大考!

起飞,对飞行员的技术、心理、生理同样是一种极限挑战!

辽宁舰广播播报:"552号飞机准备起飞。"

甲板上顿时安静下来,一双双眼睛,一颗颗心,都聚焦在同一个目标。

12时18分,飞机双发点火、展开机翼、自检、暖机、解除系留,然后缓缓滑出,随着起飞助理陈小勇一连串流畅准确的引导动作,戴明盟驾战机准确地滑到了3号起飞位。

止动轮挡、偏流板先后升起……

加油、加速、接通全加力……

飞机发出震耳欲聋的怒吼,整个甲板也都颤动起来。

戴明盟头靠座椅后枕,抬起右手行礼,示意起飞助理可以起飞。

起飞助理陈小勇看到戴明盟的手势后,心领神会,下蹲屈身,拉开弓步,右手臂猛力一挥,如一位矫健的射手，做出了一个优美的放飞姿势。

这个潇洒动作，通过电视荧屏展现在世界面前，后来被国人争相模仿，并由网络演绎成风靡全国的"航母Style"！

戴明盟驾着战机开始在甲板上滑跑加速，以雷霆万钧之势，沿着14度的滑跃甲板腾空而起，直冲苍穹……

首架次滑跃起飞成功，掌声再次在辽宁舰响起，甲板上再次沸腾了。

一切都在掌控中，一切远比想象中要顺利，这让一向喜欢挑战的戴明盟感觉意犹未尽。于是，加速、转向，他驾机又绕了回来。在通过辽宁舰的舰岛上空时做了个完美的横滚动作，舞起了空中"芭蕾"……

这一段额外的华丽舞蹈，一下子点燃了辽宁舰上所有人的激情，霎时间，欢呼声响彻海天……

戴明盟当时也没有想到，他这一连串的动作，引爆了中华儿女爱国情怀的一次集体放飞。

"刀尖上的舞蹈"还在继续：紧随戴明盟之后，其他

刀尖上的舞者
——"航母战斗机英雄试飞员"戴明盟的故事

几名试飞员依次驾驶歼-15舰载战斗机，顺利完成了在辽宁舰上的阻拦着舰和滑跃起飞……

一着惊海天！一飞冲苍穹！

经过8600多架次的生死考验，今天的一着一飞，是那样轻松，那样优美，那样漂亮。"空中飞鲨"的完美演绎，把航母战鹰"梦之队"这一赞誉写在蓝天碧海之上。

训练结束后，辽宁舰鸣笛一分钟，向书写海军航空兵新辉煌的戴明盟等飞行员表达最崇高的敬意！同时，也是向世界宣告：中国航母建设工程取得了具有里程碑意义的胜利！

这举世瞩目的惊天动地的一着和一跃，彻底打破了西方大国套在中国人头上的"魔咒"，中国人想干的事一定能干成！

在中国航母事业的发展进程中，这是一个划时代的标志性事件。

请记住这一刻，9时08分！

这一刻，中国人扬眉剑出鞘，中国航母试剑深蓝，舰载战斗机惊天一着!

请记住这一刻,12时20分。

这一刻,共和国的舰载战斗机,第一次跃过辽宁舰14度滑跃甲板顶端,仰天长啸,凌云升空……

请记住这一天,2012年11月23日。

这一天,中国军人完成了外国人认为不可能的事,并将载入人民海军的发展史册,中国航母的砺剑航程从此展开了更加波澜壮阔的新画卷……

请记住这个名字,海军航空兵飞行员戴明盟,中国航母舰载战斗机着舰起飞第一人!他实现了我国固定翼飞机由岸基向舰基的突破。有评论说:"一道完美的弧线,划出了中国海军的航母时代!"

训练成功后,党中央、中央军委第一时间给予嘉勉;原总装备部和航空、船舶工业部门及相关单位纷纷发来贺电。

时任海军司令员吴胜利欣喜地宣称:"这是我军装备建设历史上又一个重要的里程碑,是我国航空和舰载机技

刀尖上的舞者
——"航母战斗机英雄试飞员"
戴明盟的故事

术发展的重大跨越,是国防和军队现代化建设取得的重要进展。"

一些军事专家也评论说:"航载机着舰成功,可媲美'两弹一星',极具战略意义。"有专家将舰载机成功在航母平台起降,看作是"中国航母元年的真正标志",并总结出三大意义:一是我们航母平台,完全靠国产研制的复杂的着舰系统获得成功。这表明我国舰船系统达到相当高的建造水平,是我国科技实力的重大体现。二是代表系统工程建设的重大成功。无论是早期的原子弹计划还是载人航天计划,整个团队在秉承战略规划、基础技术布局、科研研发、岗位人员培养等方面,这种系统工程的构建其实是相当困难的,考验的不仅是一个国家的工业实力,更是一个国家系统工程建设的水平。从航母平台到舰载机的研制再到舰载机飞行员的培训,可以说都是按计划完成的,能够在计划节点之内完成如此庞大的系统工程,在海军装备的系统工程建设上充分展示了实力。三是舰载机着舰是一个轨迹跟踪飞行,在所有飞行领域中难度最大,我们的试飞员、飞行员在如此高难度技术的完成过程中，经过不断探索，着舰试验成功，真是令人振奋，我们的首飞团队也相当令人骄傲。

时任海军司令员吴胜利、时任海军政委刘晓江签发表扬电，对歼-15舰载战斗机实现首次在辽宁舰上成功着舰、起飞表示热烈祝贺，对航母飞行员、全体参试单位和人员表示亲切慰问。表扬电说，首次着舰试验成功，是继辽宁舰顺利交接入列之后取得的又一重大成果，标志着舰载战斗机训练取得突破性进展，对于探索总结舰载战斗机组训、保障的科学模式，对于加快推进航空母舰战斗力建设，对于激励官兵坚决维护国家海洋权益、建设海洋强国，对于振奋民族精神、增强民族自豪感自信心，具有重大而深远的意义。表扬电希望，航母部队官兵要牢记习主席和中央军委的期望重托，再接再厉、奋发进取，为航母尽快形成战斗力，为建设强大人民海军，为维护国家主权、安全和领土完整做出新的更大贡献。

歼-15舰载战斗机首次着舰试验成功，这一消息也迅

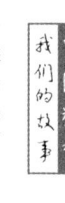

速引起中外媒体的高度关注。中外媒体在关注这一消息时,很多给予较高评价,认为中国航母训练已取得阶段性成果。美国《华尔街日报》在2012年11月27日发表文章,原题就是《中国航母style!》。作者安德鲁·埃里克森在文中说:

"中国航母舰载机首次成功起降,再次超出许多外国观察家的预料,使其为中国军事实力发展设定的时间表落空。

"一个画面极大地丰富了中国公众的想象力:指挥员示意航母舰载机起飞。这种标志性的'射手'动作,集中体现了中国人渴望国家取得成就、达到世界水平并获得国际认可的迫切心情。

"各年龄段和各行各业的人模仿该姿势的画面迅速爆红网络,有些拍摄地点匪夷所思,这种现象已被中国网民称为'航母style'。

"从一开始,北京的航母项目就备受推崇且表现得完美无瑕,北京希望在国内外保持这种形象……"

是的，中国人想干的事一定能干成！

时任海军副司令员、中国航母试验试航指挥部总指挥张永义在总结这个阶段的工作时说：

"舰载机上舰，我们一切从零开始，摸着石头过河，经过多年的联合科研攻关，摸清了规律，终于掌握了舰载战斗机着舰飞行的关键技术。

"首先，攻克了'反区操纵'飞行方法的难关。飞机在飞行时，主要受到气动阻力、重力、发动机推力和升力的作用。由于舰载战斗机后掠角很大，如果采用正常的操纵方式，飞机的姿态将会产生剧烈的变化，不利于飞行员准确着舰。因此，舰载战斗机一般采用驾驶杆保持飞行迎角、用油门控制飞行高度的非常规方式，以保持飞行姿态，确保飞行员能够进行精确的飞行轨迹修正。

"其次，攻克了精准降落的技术难关。舰载战斗机只有降落在飞行甲板上一个很小的区域内，才能使尾钩顺利挂住阻拦索，实现安全着舰。我国自己培养的舰载战斗机

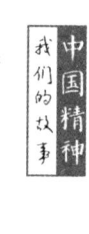

刀尖上的舞者
——"航母战斗机英雄试飞员"戴明盟的故事

飞行员经历了科研试飞、技术攻关、按纲施训等阶段,固化了飞行动作,实现了精准降落。

"再次,攻克了最优着舰航线的选择难关。着舰航线的选择,对舰载战斗机能否顺利着舰至关重要。经过数千架次的飞行训练,在光电、遥测、雷达等多种测量手段的监测下,通过海量数据和飞行状态比对,我们确定了最优着舰航线。"

张永义表示,航母舰载机飞行起降训练成功后,将以此为新的起点,进一步扎实做好后续飞行训练和相关试验。

当戴明盟成为"中国航母战斗机着舰第一人"的消息传出后,母校的老师和昔日的同学们无不欢呼雀跃、奔走相告,为戴明盟的成功感到骄傲和自豪。家乡的报纸第一时间报道了这一消息,并刊载了对江津五中师生的访谈:

据介绍,"认出"戴明盟的,是他的高中物理教师牟云。现在仍在江津五中任教的牟云参加工作没多久,就接手戴明盟所在班级的物理教学,对这个年龄比他小不了多少的"熟悉"的学生,印象特别深刻:"那天我正上班,就听见同事说,歼-15成功降落辽宁舰,首降那个飞行员叫戴明盟。当时我第一反应就是,我有个当飞行员的学生也叫戴明盟,会不会就是他?于是我马上联系他的同学,果然是他,真是太高兴了!"

与戴明盟"熟悉"在哪里?"他爱锻炼身体,特别尊敬老师,几乎每年都回学校看望他的老师们,他的很多老师都对他印象深刻,一说戴明盟大家都记忆深刻。"牟云讲述了对戴明盟的"熟悉"。

"戴明盟从小就向往军营,每当飞机飞过天空,他总是好奇地仰望。当时我们都觉得飞机、飞行员太神秘太遥远,没想到,他不但当上了飞行员,还成为中国航母战斗机着舰第一人!"戴明盟的小学同学施凯感慨不已。

不管是在教师眼中,还是在同学心里,戴明盟都是一个勤勤恳恳、踏踏实实的小伙子。他胜不骄、败不馁,

刀尖上的舞者
——"航母战斗机英雄试飞员"戴明盟的故事

做事一丝不苟，任劳任怨。说到激动之处，戴明盟的高中班主任张邦国站起身来，从衣柜里拿出他珍藏了几十年的相册，这本相册专门存放历年来他与毕业学生的合照。迅速翻到相册中间，张邦国指着右上角一张照片的中间说："这个孩子就是戴明盟！"

张邦国告诉记者，高中时代的戴明盟身体非常好，积极参加学校组织的各项活动；对母校教师非常尊重，安排的事情从不推脱，总是认认真真完成。"他在飞行学院学习期间，还专门给我邮寄了他的照片。虽然他的家和工作地点都远离重庆，不能每年都回来，但他每次回老家，都会到学校看望我们这些老师，还不忘给我们每人带礼物。而2009年我生病住院后，他更是每年只要回家探亲都会回学校来看我。"

"戴明盟啊，我当然记忆深刻了。当年，我们学校有二十多人参加飞行员体检，只有戴明盟一人通过体能测试。为确保他顺利通过最后的文化考试，老师们给他开'小灶'补习，最终他以优异的成绩考上飞行学院。"戴明盟的同学韩拥告诉记者。

"他一直都非常冷静，遇到问题总是虚心、专一而冷静地观察分析问题，从容镇定地处理事情，他的性格适合当飞行员。他训练也非常刻苦，据他自己透露：飞行学院期间，他进行体能训练，结果一个月瘦了二十多斤，最苦的时候大小便都带血！工作后，他先后在新疆、甘肃、辽宁等地驾驶改装飞机。"戴明盟的同学张昌兵告诉记者。

对于以上报道，戴明盟基本上是认可的。他不好意思地对我说："老师和同学们都在夸我，只不过忘了讲我的缺点了。"飞行员这个职业培养他成为一个一丝不苟的人，凡事爱较真，丁是丁，卯是卯。

戴明盟是当之无愧的英雄。他越是这样的真实，在人们心目中的形象越高大，越完美，越令人敬佩。

2013年1月11日，海军在某航母综合试验训练基地召开大会，表彰为歼-15舰载战斗机首次成功上舰做出突出贡献的试飞员。戴明盟被海军授予"海军功勋飞行员"称号。

最牛资格证书

2013年5月10日,有关舰载航空兵部队的又一个新节点,出现在国人和世界的面前。

新华社5月10日电 经中央军委批准,海军首支舰载航空兵部队今天在渤海湾畔正式组建,人民海军战斗序列又增添一支新型主战力量,标志着航母部队战斗力建设进入了新的发展阶段。

中央军委委员、海军司令员吴胜利出席组建大会并授予军旗。舰载航空兵部队作为航母战斗力建设的核心部分,是海军新型作战力量建设的代表和海军战略转型的先锋,在发展航母事业、建设强大海军全局中具有十分重要的作用。

  舰载机飞行员和飞行指挥员培养是一项开创性事业,是确保航母形成战斗力的关键环节。海军舰载航空兵部队自2011年2月开始筹建以来,坚持边组建、边试验、边训练,全体官兵艰苦创业、追求卓越、真抓实干,在思想政治建设、人才队伍培养、试验试飞、管理创新等方面做了大量卓有成效的工作,圆满完成了舰载战斗机试飞员阻拦着舰、滑跃起飞等任务,努力践行航母舰载机开拓者的神圣使命。

  海军舰载航空兵部队正式组建后,航母舰载机训练将由科研试飞阶段向舰载机飞行员培训和舰载机上舰阶段过渡。目前,部队正在有序开展舰载战斗机和直升机飞行员梯次培养、机务人员培训等任务,紧紧抓住舰载机飞行员上舰资格认证、舰机适配、机务保障、风险管控等核心问题,勇于创新、集智攻关,按照海军首长提出的"大胆地飞、科学地飞、安全地飞"的要求,在提高部队整体作战能力上下功夫,不断探索舰载机飞行训练模式,缩短舰载

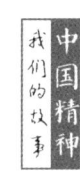
刀尖上的舞者
——"航母战斗机英雄试飞员"戴明盟的故事

机战斗力生成周期,尽快实现岸基航空兵向舰载航空兵的跨越。

海军副司令员张永义、海军参谋长杜景臣、北海舰队司令员田中,以及总部、海军机关有关领导和舰载航空兵部队官兵共四百余人参加了组建大会。

海军首支舰载航空兵部队的正式组建,是我国航母发展中的又一里程碑式事件,标志着我国航母战斗力建设又迈出了关键的一步,同时也意味着我国航母已经开始形成战斗力。

作为我国舰载战斗机事业的开拓者,戴明盟被任命为海军舰载航空兵部队的副部队长。这则消息中说得非常明确:海军舰载航空兵部队正式组建后,航母舰载机训练将由科研试飞阶段向舰载机飞行员培训和舰载机上舰阶段过渡。戴明盟肩负重任,开始了履行新使命的新航程。

部队组建不到一个月。

2013年6月9日,辽宁舰再次鸣笛驶向深海。

这一次的试验试航，辽宁舰的主要任务是进行舰载机首次驻舰飞行、首次短距滑跃起飞等多项训练，航空母舰平台和舰载战斗机实现深度融合。如果成功，这就表明辽宁舰已经具备了搭载舰载战斗机的能力，为航母完成后续训练等任务奠定了基础。

这在中国航母的发展史上，又将写下浓墨重彩的一笔！

戴明盟在做动员时这样说："与陆基驻训相比，航母才是舰载战斗机真正的'鹰巢'，才是我们真正的家。上了舰，我们才能在深海长时间翱翔，才能打仗，才能履行夺取海上制空权的神圣使命。战友们，有没有信心？"

"有！"飞行员们被激励得嗷嗷叫。

此前的试验训练中，歼-15舰载战斗机只是航母平台上的匆匆"过客"，而此次驻舰飞行训练，除依靠舰上独立完成油、气、电等全要素的补充外，还需在舰上独立指挥下完成多个架次的起降，这对舰面勤务保障、舰载机调运和机务保障，都是一次全面检验。可是，等到了预定海

刀尖上的舞者
——"航母战斗机英雄试飞员"戴明盟的故事

域,老天却不怎么给力,连日海雾盘踞在训练海区挥之不去,似乎给心上蒙了一层雾霾,令人沮丧。

每当看到战友们产生急躁情绪,戴明盟总是笑呵呵地宽慰道:"别着急,咱是靠天吃饭,老天不给脸,咱也没办法。"戴明盟劝战友们不着急,实际上他心里比谁都着急,一天要好几次打电话到气象台,询问天气状况。

受大雾影响,歼-15舰载战斗机首次驻舰飞行训练计划无奈推迟了。气象资料显示,渤海海域每年6至8月多雨多雾,能见度高的晴好天气寥寥无几。因此,舰载航空兵部队只能见缝插针组织飞行训练。

6月29日凌晨,气象部门经过会商,预报上午气象可满足飞行条件。果然,到天色微明时,天空虽阴着脸,但却没有雾。

戴明盟一听此消息,脸上乐开了花,立即组织部队进场。

天还未大亮,戴明盟率领的第一批鹰群,就已经呼啸临空,相继降落在辽宁舰。

今天的飞行注定不寻常——首次驻舰飞行、首次短距起飞。这"两个首次",是中国航母向着形成实战能力目标迈出的"两大步"。

先说驻舰飞行。以往,歼-15舰载战斗机都是从陆地机场起飞,到辽宁舰进行起降训练后,再返回陆地机场。今天,歼-15舰载战斗机要回到自己真正的家,完全依托航空母舰这个平台,实现从机务保障到起降飞行全流程训练。此举表明,辽宁舰和歼-15舰载战斗机已完成舰机深度融合,而其中透露出的信息或许会让一些人不舒服——中国航母已经能够搭载战斗机群游弋四海。

再说短距起飞。公开资料显示,辽宁舰飞行甲板有多个起飞位,其中两个为跑道长度仅105米的短距起飞位。此前,歼-15舰载战斗机都是在长跑道起飞位滑跃起飞。短距起飞对甲板合成风要求很高,陆地机场无法模拟,因此对飞行员来说是第一次,他们需要克服心理压力,正确操纵和控制飞机姿态。

抓住有限的可飞天气,戴明盟和战友们顺利驻舰,短距起飞全部一举成功。中国航母事业的进程,又往前迈出

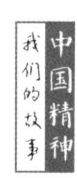

了坚实而关键的一步。

2013年7月1日,中国共产党诞生九十二周年纪念日。

这一天,对戴明盟、徐汉军、孙政雄、卢志永、魏红伟和邹建国等舰载战斗机飞行员来说,有着特殊意义。他们顺利通过航母资格认证,成为我国首批舰载战斗机飞行员和着舰指挥员。

航母资格认证是美、俄等航母国家的通行做法。通常一名飞行员要完成500架次以上陆基模拟着舰和海上低高度绕舰飞行、触舰复飞、阻拦着舰、滑跃或弹射起飞等课目,并连续完成6次以上舰上起降,数据打分和"LSO"打分达到上舰飞行标准,才能通过航母资格认证,成为真正意义上的舰载战斗机飞行员。

中国首批舰载战斗机飞行员就是用国际标准飞出来的!

首批舰载战斗机飞行员和着舰指挥员通过航母资格认证,是中国航母事业的重大阶段性成果。为此,试验试航指挥部专门举行颁证仪式,向戴明盟和他的战友们颁发上舰飞行资格证章和证书。

仪式在行进中的辽宁舰飞行甲板上举行,简朴又隆重,并且放在了这个特殊的日子里。这看似偶然的重合,却为他们成为"中国首飞"作了最好的注解:他们既是叱咤海天的空中骄子,又是忠诚报国的优秀共产党员。

戴明盟和他的战友们,从岸基飞行到舰基飞行,从中国最优秀的飞行员到中国首批舰载战斗机飞行员,这不仅是"勇敢者的游戏",更是漫长的航程。

七年时间,戴明盟和他的战友们完成了脱胎换骨般的转型,期间所经历的艰辛、所承担的风险、所作出的牺牲,常人难以忍受、难以做到甚至难以想象。然而,他们的脱颖而出是一个重要标志:标志着中国已经完全掌握舰载战斗机上舰飞行技术;标志着中国成功建立了自主培养舰载战斗机飞行员的训练体系;更标志着中国海军正大步从近海走向远海,从浅蓝走向深蓝。

在航母资格认证总结会上,飞行员出身、时任海军副

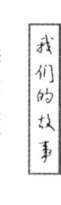

刀尖上的舞者
——"航母战斗机英雄试飞员"戴明盟的故事

司令员的张永义中将,对戴明盟和他的战友们语重心长地说了这样一番话:"现在可以说,你们是成熟的舰载战斗机飞行员了,要珍惜荣誉、报效国家。上舰飞行很特殊,每次都是在你们驾机执行完作战和训练任务,身体最疲劳的时候来飞高难度、高风险的阻拦着舰,因此丝毫不能懈怠,要把每次着舰永远当作第一次来对待,方可保你们一生平安。"

上舰飞行资格证章制作得很精致,上部为一对飞翅,下坠圆形飞鲨图章,表明他们是"中国飞鲨"的优秀驾驭者。仪式结束后,戴明盟和他的战友们成了令人仰慕的明星,一拨拨人排着队与他们合影留念。他们胸前挂着的上舰飞行资格证章,无疑是中国飞行员获得的最耀眼的徽章;他们抱在怀里的航母资格证书,无疑是中国最牛资格证书。

2013年7月3日,新华社等中央媒体,均以《中国首艘航母辽宁舰完成实验和训练返回母港》为题发布消息。消息称:

今日上午，今年首次出海进行科研试验和训练的我国首艘航母辽宁舰，顺利完成预定海试任务，返回母港。

辽宁舰自6月9日出海以来，先后进行了舰载机首次驻舰飞行训练，舰载机飞行指挥与保障作业流程训练，舰载机着舰技术恢复性训练，歼-15舰载战斗机多人、多架次舰上连续起降训练和首次短距滑跃起飞等多项训练。

此外，经过专家组评估和飞行数据考核，我国首批舰载战斗机飞行员和着舰指挥员顺利通过航母资格认证，中国成为世界上少数几个具备自主培养舰载战斗机飞行员能力的国家。

驻舰飞行，意味着战机全部由母舰保障独立完成飞行作业。多架次的起降，使辽宁舰多个起飞位放飞舰载战斗机的能力得到验证。

经过前期逐步摸索和严格训练，目前我国已经完全掌握了舰载战斗机舰上起降技术，探索出了一条中国特色的舰载战斗机飞行员培养道路，成功构建了舰载战斗机飞行

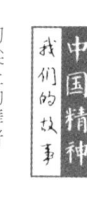

员训练体系。据悉,辽宁舰后续科研试验和训练工作将根据进展情况确定。

随着我国首批舰载战斗机飞行员和着舰指挥员顺利通过航母资格认证,海军成批培养舰载战斗机飞行员的工作也在加快推进。

作为这支部队的指挥员,戴明盟任重道远……

第六章 而今迈步从头越

迎接习主席的视察

中国航母辽宁舰！中国航母舰载战斗机歼–15！全国人民关注、关心、关爱着它，党的新一代领导集体也同样关注、关心、关爱着它。

2013年8月30日，新华社播发了一条记者采写的消息，标题为《习近平视察舰载机综合试验训练基地和辽宁舰 强调深入贯彻落实党在新形势下的强军目标 不断提高履行使命任务能力》。

新华社沈阳8月30日电 中共中央总书记、国家主席、中央军委主席习近平在出席十二届全运会开幕式前夕，专门视察了沈阳战区部队。他强调，要深入贯彻落实

刀尖上的舞者
——"航母战斗机英雄试飞员"戴明盟的故事

党在新形势下的强军目标,加强部队全面建设,不断提高履行使命任务能力,为维护国家主权、安全、发展利益做出新的更大贡献。

习近平一直十分关心我国第一艘航空母舰建设和部队训练。28日上午,他一下飞机就冒着风雨来到海军某舰载机综合试验训练基地,观看舰载机滑跃起飞、阻拦着陆训练,实地察看有关设备。看到飞行员们干净利落完成了各项训练课目,习近平十分高兴,为他们热情鼓掌。习近平亲切接见了首批上舰指挥员、试飞员和舰载机飞行员,高度赞赏飞行员在复杂气象条件下表现出的过硬本领和精湛技艺。习近平还仔细听取了舰载机设计和性能介绍,要求有关科技人员认真分析战机试飞数据,不断攀登科技高峰。临别时,他勉励大家再接再厉、深入钻研、勤学精练,早日成为优秀的航母舰载机飞行员。

……

8月28日这天,天空飘着雨。

10时35分,习主席冒着风雨乘车来到该基地的外场,在跑道一侧的观看席上,详细听取了关于歼-15舰载战斗机滑跃起飞的流程介绍。按照计划安排,戴明盟和魏红伟将分别进行一次陆基滑跃起飞和挂阻拦索着陆的训练演示。

飞机起动待命,"飞鲨"跃跃欲试。

可是,天公偏不作美,仿佛故意刁难和考验戴明盟。

在就要起飞时,风却越刮越猛,外场侧风呼呼作响;雨也越下越大,跑道上已布满积水,座舱盖前方的雨帘遮挡住了视线,天地间一片迷蒙,能见度很低。如此复杂的气象条件,对飞行员来说,既是一次技术考核,又是一场心理考验。

习主席十分关心飞行安全,他关切地询问,这样的气象条件飞机能不能起飞,并叮嘱一定要按飞行标准来办。

塔台指挥员征求戴明盟的意见:飞不飞,由他自己来决定。

"飞!"戴明盟坚定地回答。

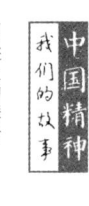

刀尖上的舞者
——"航母战斗机英雄试飞员"戴明盟的故事

他暗想：打仗时是不会让你选择天气的，就当是一次复杂气象条件下的飞行训练。

决心已下，就要抓住稍纵即逝的时机。

一阵侧风吹来，座舱盖上的雨帘被吹开了一点，戴明盟模模糊糊地看到了跑道上的黄线，虽然滑跃平台看不太清楚，但他还是毫不犹豫地向指挥员请示起飞。

加大油门，打开加力，巨大的轰鸣声骤然响起，发动机喷出橘红色尾焰！发出放飞手势！释放止动轮挡！瞬间，战机如离弦之箭，在跑道上激起阵阵水雾，飞速冲向滑跃平台，拔地而起，直插云霄。

这是歼-15舰载战斗机成功实现滑跃起飞、阻拦着舰以来，第一次在大雨中滑跃起飞。

由于风大，戴明盟在起飞时觉得飞机尾部轻轻甩了一下，他马上提醒紧随其后的僚机："03，注意，起飞时可能甩尾巴。"

魏红伟回答："02，明白。"随后，他也驾战机升空。

真是无比壮观，无比精彩，两架"飞鲨"跃上海天，在大风中尽情地狂舞,在豪雨中酣畅地滚翻……

习主席一边观看,一边询问:舰载机着舰的特点难点在哪儿?舰载机飞行员与陆基、空军飞行员主要区别是什么?一旦阻拦不成功,怎么处置?危险性在哪儿?……

戴明盟返航了,要着陆挂索了,这比他们着舰时还要难。因为陆地上只安装了1根阻拦索,而辽宁舰上有4根。此时,雨更大了,"砰砰砰"地撞在座舱盖上,如擂响的战鼓。

艺高人胆大!戴明盟驾"飞鲨"呼啸而下,干净利落地挂住了那根阻拦索,稳稳当当地将飞机停下,胜利地完成了任务。魏红伟也随即而下,可他出了点小状况,着陆挂索时没有成功,他拉起飞机逃逸复飞,再次降落时圆满成功。

看到戴明盟他们干净利落地完成各项训练课目,习主席十分高兴,为他们热情鼓掌,高度赞赏他们在复杂气象条件下表现出的过硬本领和精湛技艺。习主席动情地说:"在这样复杂的气象条件下,两位同志还进行了试

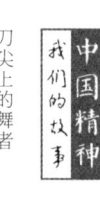

刀尖上的舞者
——"航母战斗机英雄试飞员"戴明盟的故事

飞训练。滑跃起飞、阻拦着陆,今天都亲眼看到了,而且两种情况都看到了,钩上的和没有钩上的再复飞。我听介绍,这是你们一万多次训练中气象条件最差的一次,大家完成得非常好,很振奋!"

说来也巧,在戴明盟他们完成任务之后,风势雨势渐渐减弱下来。

习主席兴致勃勃地走下观看席。雨依然下着,习主席没有打伞。他冒雨来到起飞区,实地察看了有关设备,并参观了刚刚完成飞行任务返航的歼-15舰载战斗机,详细了解了歼-15舰载战斗机的研制情况和装备性能。

11时50分许,习主席亲切接见了首批上舰的指挥员、试飞员和舰载机飞行员,与他们亲切交谈,并合影留念。

戴明盟和战友们一身戎装,英姿勃发,整齐列队。

习主席走到他们面前,与大家一一握手,面带微笑地询问他们舰载机飞行训练情况。他深情地说:"你们刚才在这样恶劣的条件下飞行,我都看到了。"

习主席对舰载机试验训练取得的阶段性成果非常满

意，明确指出，航母舰载机工程是一项开创性的工作，该项任务的实施，是航母形成战斗力极为重要的一步。他要求，有关科技人员认真分析战机试飞数据，不断攀登科技高峰。

临别时，习主席勉励大家早日成为优秀的航母舰载机飞行员。他满含深情地说："刚才看了训练，很有感触。接下来的后续任务非常艰巨、繁重，严峻的考验还在后头，希望大家再接再厉、深入钻研、勤学精练，早日成为优秀的航母舰载机飞行员，并培养出更多的舰载机飞行员。"

"再接再厉、深入钻研、勤学精练，早日成为优秀的航母舰载机飞行员，并培养出更多的舰载机飞行员。"

这是习主席的指示，这是习主席的期望，这是习主席的嘱托。

戴明盟牢牢记在心里，并以此时刻鞭策自己。

没过多久，2013年9月，戴明盟随团出访。

在美国某军港，戴明盟应邀观摩"卡尔·文森"号航

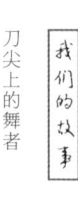

母。站在宽阔的甲板上,他看到一架架战机频繁起降。这一幕,使他感慨万千:什么时候,中国也能够成批量培养出自己的舰载机飞行员呢?

戴明盟深知:独木不成林,航母要真正形成战斗力,必须培养出一批成熟的舰载机飞行员。由于难度大、风险高,当今世界只有美国、俄罗斯具备这种培养能力。戴明盟也坚信,这种培养能力中国一定会很快具备,并且会走在世界的前列。

被授予最高荣誉

"披着清晨第一缕曙光,年轻的'飞鲨'滑跃起航。穿梭在茫茫的海天上,诠释着经略海洋。谁的希望,谁的梦想,谁在用忠诚,书写信仰……"这是海军首支舰载航空兵部队的队歌。

戴明盟作为这支鹰群的带飞者,在他翱翔的航迹上,一次次挑战极限,一次次面对凶险,一次次杀出血路,一次次创造奇迹,也为他赢得了一串串沉甸甸的荣誉:

他先后被评为"海军十杰青年""海军特级飞行员""海军功勋飞行员""全军爱军精武标兵""全军优秀指挥军官",荣获"航空报国金奖""航母工程建设重大贡献奖",

刀尖上的舞者
——"航母战斗机英雄试飞员"戴明盟的故事

当选为党的十七大代表等。

面对荣誉，戴明盟却很淡然。他说："荣誉只能代表过去，前方的路还很遥远。荣誉成就于蓝天，根源于使命。我的使命就是加快成批培养中国的舰载战斗机飞行员，为实现中国梦、强军梦贡献自己的力量。"

戴明盟早就开始了成批培养舰载机飞行员的艰难探索。第一次在辽宁舰着舰成功后，他便把目光瞄向这个新的战场：成立飞行教员组、制订方案、编写大纲、整理教材、讲授理论、模拟器带飞……

戴明盟说："飞行技术是我的强项，我要把一帮子'菜鸟'带成骨干，都培养成精英。"

这是一项前无古人的事业。作为海军首位舰载战斗机飞行员、海军首位着舰指挥官，戴明盟像一头不知疲倦的"拓荒牛"，在一张白纸上书写着新的传奇。

白天，他除了上天试飞，还要给新飞行员讲课，并进行模拟器带飞；晚上，他要对新飞行员的每一个动作进行讲评，通过看视频、资料分析来指出每个人的特点、存在问题，帮他们出谋划策，改进提高。有时，一个细节要反复抠上几十遍，夜以继日成了他的工作常态。

一天上午，新飞行员徐英训练中状态不佳，驾机着落时在舰艉段出现稍微下沉。徐英左思右想，找不出原因所在，便去请教戴明盟。

戴明盟问："早饭有没有吃饱？"

一句话让徐英如梦初醒，原来早上确实没吃饱，影响了血糖和血压，导致精力不能集中。

在新飞行员眼里，戴明盟不仅是师长，也是兄长。为了他们早日着舰，他殚精竭虑。在新飞行员心中，戴明盟不仅是"明星"，更是英雄。这帮"追星族"，崇拜的是英雄，许多人是在了解了他的事迹后，慕名加入到这个行列的。

2016年7月，全国各大媒体广泛宣传的英雄飞行员张超烈士，就是戴明盟在部队遴选飞行员时，主动要求成为"飞鲨"战队的一员的。同年11月，中央军委追授张超

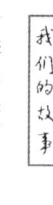

刀尖上的舞者
——"航母战斗机英雄试飞员"戴明盟的故事

"逐梦海天的强军先锋"荣誉称号。

在一次围绕舰载机新飞行员训练方法的讨论中,为了节省改装时间,戴明盟提出一个非常大胆的想法。有人表示反对,理由是歼-15舰载战斗机还在试飞验证阶段,这样做太危险了。

"航母形成战斗力刻不容缓,新飞行员培养一天都不能等,我是试飞员,技术上的风险我来解决!"

一向寡言少语、低调内敛的戴明盟,此刻却坚定如山。

双方争得面红耳赤。

最终,戴明盟的提议被采纳。

新飞行员培养周期再次被缩短。

虽然主要是为了加速战斗力的生成,但戴明盟还有一个朴实的想法。他曾经这样对我说:"咱都是老百姓家出来的孩子,父母的艰辛都知道。咱要算这么一笔账,缩短周期,保障飞行安全,少练几个架次,为国为民省不少钱呢。老百姓汗珠子摔八瓣供养着咱,这可都是血汗钱,能节约一点是一点。"

一个有希望的民族不能没有英雄；

一个有前途的国家不能没有英雄；

一支能打胜仗的军队不能没有英雄。

2014年8月27日，新华社对外发布消息，《中央军委主席习近平签署命令授予戴明盟"航母战斗机英雄试飞员"荣誉称号》。命令指出，戴明盟同志被遴选为首批舰载战斗机试飞员以来，带头试飞高难课目和风险项目，第一个驾机在航母上成功实施阻拦着舰和滑跃起飞，实现了我国固定翼飞机由"岸基"向"舰基"的突破，为加快歼–15舰载战斗机研制定型和航母战斗力建设做出卓著贡献。命令要求，全军和武警部队广大官兵要向戴明盟同志学习，像他那样，坚持用中国特色社会主义理论体系武装头脑，模范践行社会主义核心价值观和当代革命军人核心价值观，始终保持政治坚定和思想道德纯洁；像他那样，真想打仗的事情，真谋打仗的问题，真抓打仗的准备，潜心钻研，刻苦训练，下大力提高科技素养和军事技能，熟练掌握手中武器装备，不断增强履行使命任务的能力素质；像

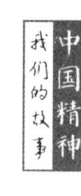

中国精神 我们的故事
刀尖上的舞者
——"航母战斗机英雄试飞员"戴明盟的故事

他那样,牢固树立不畏艰难险阻、不怕流血牺牲的进取精神,勇于担当,敢于亮剑,艰巨任务面前迎难而上,危急紧要关头挺身而出,承担起革命军人的历史责任;像他那样,牢记我军全心全意为人民服务的根本宗旨,自觉淡泊名利、乐于奉献、艰苦奋斗,做到个人利益服从集体利益、局部利益服从全局利益,始终保持革命军人的高尚品格和良好形象。中央军委号召,全军和武警部队广大官兵要以授称单位和个人为榜样,深入学习贯彻党的十八大和十八届三中全会精神,团结奋进,开拓创新,不懈奋斗,扎实推进军队建设、改革和军事斗争准备各项工作,在实现强军目标的伟大征程上创造新的业绩!

英雄!"航母战斗机英雄试飞员"!

戴明盟无愧于这个英雄称号,无愧为强军征程上的时代先锋。

授予荣誉称号,这是国家和军队褒奖的最高级别。8月31日,海军党委下发《关于广泛开展向戴明盟同志学习活动的决定》。9月1日上午,中央军委授予戴明盟同志

"航母战斗机英雄试飞员"荣誉称号命名大会在北京海军机关礼堂隆重举行。中央军委委员、时任海军司令员吴胜利宣读中央军委授予戴明盟同志"航母战斗机英雄试飞员"荣誉称号命令,向戴明盟同志颁发一级英模勋章和证书,并发表讲话。时任海军政委刘晓江主持大会,并宣读海军党委《关于广泛开展向戴明盟同志学习活动的决定》。会上,戴明盟、时任海军某舰载航空兵部队部队长张少兵、中航工业集团副总工程师兼歼-15舰载战斗机总设计师孙聪分别发言。戴明盟在题为《光荣属于伟大的祖国》的发言中说:

"今天,海军隆重召开授称命名大会,我被中央军委授予'航母战斗机英雄试飞员'荣誉称号,心情十分激动。在这无比光荣的时刻,我深深懂得,试飞员头顶三重天——蓝天、使命、祖国,荣誉成就于蓝天,根源于使命、归功于我们伟大的祖国;我深深感恩,党和国家的悉心培养,各级首长的悉心呵护,航母工程全线为我们支撑

刀尖上的舞者
——"航母战斗机英雄试飞员"戴明盟的故事

梦想、倾尽心血；我深深知道，勋章属于英雄的试飞员、飞行员群体，属于投入到此项事业的全体科研工作者和广大官兵，他们才是真正的英雄！在此，我代表航母战斗机试飞员和飞行员群体向首长、战友们致敬，向十年如一日专注使命、辛勤付出的全体参与者致敬！

"积土而为山，积水而为海。海军航母建设取得了令世人瞩目的伟大成就，对事业的发展壮大我们充满信心，并愿为之倾尽全力、勇敢担当。加快航母战斗力建设还要走相当一段路，许多未知领域需要去探索，大量历史空白需要去填补。作为航母战斗机试飞员、飞行员，我将始终牢记习主席'再接再厉、深入钻研、勤学精练，早日成为优秀的航母舰载机飞行员'这一殷切希望和千钧嘱托，凝神聚力、开拓创新、锐意进取，在人民海军走向深蓝的伟大征程中当先锋、打头阵，永葆共产党人的政治本色、永葆人民军队的宗旨本色、永葆革命军人的血性本色。

"我一定视荣耀为新的激励，清醒认识舰载飞行承载梦想的品质，在探索中再接再厉、矢志深蓝。航母梦就是我的强军梦、强国梦，置身于追逐梦想的新时代，我要模范践行当代革命军人核心价值观，始终保持对党和人民的无限忠诚，始终保持对神圣使命的无限忠诚，始终保持对航母事业的无限忠诚，珍惜荣誉、谦虚谨慎，勤奋敬业、恪尽职守，切实把组织的关怀培养、首长的鼓舞鞭策、战友们的关心支持，转化为投身舰载战斗机飞行事业的强大动力和力量源泉。

"我一定视荣耀为新的责任，清醒认识舰载飞行舞于刀尖的风险挑战，在探索中深入钻研，剑胆擎鹰，刀剑舞者舞不止。我要牢牢扛起舰载飞行的历史担当，与航母部队的战友们一起，与舰载航空兵基地的战友们一起，勠力同心、集智攻关、奋力拼搏，深钻细研舰载飞行关键技术和实战理论，切实提高舰载飞行技能本领，努力推动舰载战斗机从试验试飞模式向常态训练转变，努力缩短航母舰载机飞行员培养周期，在不断超越自我、超越现有、超越国外的训练中，飞出壮志豪情，飞出军威国威。

"我一定视荣耀为新的起点，清醒认识舰载飞行严慎细实、追求卓越的特殊要求，在探索中勤学精练、接力前

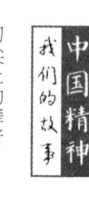

刀尖上的舞者
——"航母战斗机英雄试飞员"戴明盟的故事

行。我要严格遵循'精准、守纪、零容忍'等舰载飞行的严规铁律,坚决贯彻落实海军党委关于航母战斗力建设的决策部署,时刻牢记'大胆地飞、科学地飞、安全地飞'的训练指导,带头瞄准一流、带头锤炼作风、带头苦练精飞,关键节点第一个上,高难科目第一个飞,加紧摸索和探寻舰载飞行的特点规律,为持续推动舰机高度融合、深度融合,全力以赴打赢舰载飞行新的攻坚战,为航母早日形成战斗力做出应有贡献。

"航母梦昭示强军梦,强军梦支撑强国梦。不久的将来,我们有决心、有信心,随时听候党中央、中央军委和习主席点兵。请祖国和人民放心!"

言语之间,洋溢着热血与勇气,充满了信仰与光荣。

英雄之所以为英雄,首先在于其目标和动力正确。

戴明盟的目标是飞出军威国威。

戴明盟的动力是对党和人民的无限忠诚,对神圣使命的无限忠诚,对航母事业的无限忠诚。

大阅兵米秒不差

大梦起兮云飞扬,安得猛将兮守海疆。

党中央、中央军委和习主席点兵了,让海军舰载机部队派出精兵强将参加"9·3"大阅兵。

2015年是中国人民抗日战争暨世界反法西斯战争胜利七十周年。中国政府决定,9月3日这天,在天安门广场举行盛大的阅兵式,以纪念这个伟大的日子。七十年前,中国人民抗日战争胜利,是近代以来中国抗击外敌入侵的第一次完全胜利。这一伟大胜利,彻底粉碎了日本军国主义殖民奴役中国的图谋,洗刷了近代以来中国抗击外来侵略屡战屡败的民族耻辱。这一次,我国将以大阅兵的形式来纪念这场伟大胜利。阅兵,是为了铭记那段浴血抗争的历

中国精神 我们的故事

刀尖上的舞者
——"航母战斗机英雄试飞员"
戴明盟的故事

史;阅兵,是为了缅怀那些可歌可泣的先烈;阅兵,是为了珍爱这份来之不易的和平;阅兵,是为了开创更加灿烂的未来!

戴明盟是在2014年底领受这一任务的。

那天,海军副司令员丁毅来到舰载航空兵部队驻地,将政委赵云峰、时任部队长张少兵和戴明盟叫到小会议室。

没有过多寒暄,丁毅副司令员没等他们坐稳,开口就是布置任务:"明年是抗日战争胜利七十周年,我们要在天安门广场举行大阅兵。上级决定你们组成舰载战斗机阅兵梯队,参加这次活动。"

三个人一听,眼睛都亮了。

赵云峰兴奋地表态:"这是政治任务,坚决完成!"

张少兵接着说:"副司令员,你布置任务吧。多少架飞机?什么编队?"

丁毅挨个扫了他们一眼,最后把目光定在了戴明盟脸上,说:"5机箭形编队,盟盟,你说谁上。"

"长机当然是我了。"戴明盟扭脸征求张少兵的意见,"少兵,你看让张叶做2号机,徐汉军在塔台指挥,这样行不行?"

张少兵点头同意,然后他又点了几个人,祝志强、罗胡立丹、徐爱平等。

丁毅副司令员是位老飞行员,国庆五十周年大阅兵时,他是"飞豹"战机箭形编队的带队长机,非常有经验。

丁毅副司令员提醒他们:"还要有两个人备份。"

"陈健和丁阳吧。"戴明盟说。

戴明盟深知这一任务的神圣和光荣,不仅政治意义大,而且要求非常高。大机群在天安门临空时,误差以秒计算;编队间距20米×20米,不得超过1米。

人员定下来之后,戴明盟对战友们说:"这是我们舰载战斗机编队首次向全世界亮相,谁也不能掉链子。"

这也是该部队首次组织装备方队参阅,没有任何现成经验可借鉴,更缺少相关的训练教案和预案。

戴明盟一边四处拜师学艺,向之前参加过大阅兵的兄

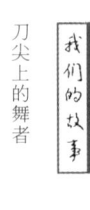

弟部队和战友请教，编写出详尽的训练教案；一边发动大家进行特殊情况预想，只要能想到的都要提出来，制定出处理特情的预案。比如，当箭头长机出现故障时，2号机怎么代替，备份机怎么补上；再比如，左边双机角度过大，右边双机怎么弥补等。他们边训练、边总结、边完善，把一切可能发生的问题消灭在萌芽之中。

2015年4月23日，是人民海军成立六十六周年纪念日。海军在青岛举办西太平洋论坛，欢度"海军节"，并进行了海上阅兵。

戴明盟奉命率歼-15舰载战斗机编队参加，也是对此后参加大阅兵的一次训练和预演，效果很好。可是，青岛海上阅兵之后没多长时间，大阅兵进行首次合练，他们却被兜头泼了一盆凉水，在所有飞行梯队中成绩最差，只得了3分。原因是，他们起飞机场离北京较远，航路上天气状况差，有一段乌云密布，一架飞机因避积雨云，与梯队拉的距离较大。合练回来，队员们都有点垂头丧气，觉得很没面子。那位掉队的战友难受得吃不下饭，眼圈都红了。

戴明盟对战友们说："这次我们打了个败仗，但我觉得是好事，通过这次合练，让我们看到了差距，找到了不足。人常说：'失败是弱者的绊脚石，却是强者的垫脚石。'在下一阶段的训练中，我们重点要突破天气关。都打起精神来，飞出我们舰载机飞行员的威风来，不要被这点小挫折所绊倒！3分4分不行，必须满分5分！"

听了带队长机这番话，飞行员们个个都攥紧了拳头。

突破天气关，他们拼了。从前飞行，当然是找好天气飞，躲开云飞；现在他们是专门找阴雨天飞，专门找云团飞，终于练就了5机密集队形编队穿云的硬功。为了解决"起飞距离远，如何把握准时"这个问题，他们在航路上设置几个点，看着秒表练，对着地标飞，终于练出了一秒不差到达天安门上空的好成绩。此后，阅兵指挥部又组织了多次合练，他们的成绩全是5分，夺得第一名。

有一次合练，驻地机场天气十分恶劣，云高仅有80米，能见度不足1000米，从座舱里往外看非常模糊，只能看见半截儿跑道。

刀尖上的舞者
——"航母战斗机英雄试飞员"戴明盟的故事

这样的天气能起来吗?飞出去能否飞回来?

许多人有着这样那样的担心。

戴明盟力排众议,率领编队劈云破雾,如箭一般直射苍穹,取得了合练满分的优异成绩,胜利返航。

为了更好地向世人展示"飞鲨"的雄姿,他们自加压力,向新的难关挑战。戴明盟和几位领导商定:阅兵时放下尾钩,使舰载战斗机的特色更明显更突出。

"放尾钩这么长时间行不行?"有人提出疑问。

有人还有些担心:"密集编队放尾钩太危险,出了问题怎么办?"

"行不行,我先飞飞试试,让事实来回答。"戴明盟这样说。

戴明盟驾机上天了,放下尾钩,一个多小时后他返航落地,轻松地说:"没问题,编队时注意好队形就不会出问题。"

戴明盟看似轻松,但其中该蕴含着多大的惊天鹰胆,舰载战斗机的又一个历史空白被他填补!

阅兵前夕，长安街一夜未眠。

歌声、号角声、脚步声回荡长空，从夜色如墨、晨曦微露到朝霞满天。天安门广场，一面面红旗迎风猎猎，在阳光下是最饱满亮丽的鲜红。"铭记历史、缅怀先烈、珍爱和平、开创未来"16字标语，镌刻在神州这片饱经沧桑的大地上，镌刻在每一个热爱和平的人心中。

这几天，华北地区一直阴雨连绵，人们还有些担心。到了9月3日凌晨，一阵劲风吹过，把阴霾吹散。戴明盟和战友们却没有什么担心的，他们早已做好了一切准备，等待着这一庄严而又神圣的时刻到来。

时钟滴答，奔向10时。

礼炮轰鸣，红旗招展。纪念中国人民抗日战争暨世界反法西斯战争胜利七十周年大会隆重开幕。天安门城楼上，中共中央总书记、国家主席、中央军委主席习近平神色庄严凝重，声音铿锵有力：

刀尖上的舞者
——"航母战斗机英雄试飞员"戴明盟的故事

"中国人民抗日战争和世界反法西斯战争，是正义和邪恶、光明和黑暗、进步和反动的大决战。在那场惨烈的战争中，中国人民抗日战争开始时间最早、持续时间最长。面对侵略者，中华儿女不屈不挠、浴血奋战，彻底打败了日本军国主义侵略者，捍卫了中华民族五千多年发展的文明成果，捍卫了人类和平事业，铸就了战争史上的奇观、中华民族的壮举。"

……

"那场战争的战火遍及亚洲、欧洲、非洲、大洋洲，军队和民众伤亡超过1亿人，其中中国伤亡人数超过3500万，苏联死亡人数超过2700万。绝不让历史悲剧重演，是我们对当年为维护人类自由、正义、和平而牺牲的英灵、对惨遭屠杀的无辜亡灵的最好纪念。"

……

"为了和平，中国将始终坚持走和平发展道路。中华民族历来爱好和平。无论发展到哪一步，中国都永远不称霸、永远不搞扩张，永远不会把自身曾经经历过的悲惨遭遇强加给其他民族。中国人民将坚持同世界各国人民友好相处，坚决捍卫中国人民抗日战争和世界反法西斯战争胜利成果，努力为人类做出新的更大的贡献。"

这声音穿过历史烟云，激荡当代长空……

世界目光追随着习近平的身影。他乘检阅车，过金水桥，进长安街，沿天安门向东。11个徒步方队、27个装备方队意气风发。

习近平亲切问候，招手示意。

检阅军人，检阅军魂，检阅一脉相承的英雄气概。

大阅兵开始了。

习近平主席同并肩站在天安门城楼栏杆前的很多外国元首，一道目送17个国家的军队方队或代表队，高擎国旗、军旗，依次健步走过天安门广场。中国大阅兵邀请外国元首和军队参加，尚属首次。

依然是首次，我国阅兵史上从未有过的大机群编队，20多种型号，183架战机梯队划过长空。预警机、轰炸机、加油机、歼击机飞过来了！舰载战斗机飞过来了！戴明盟

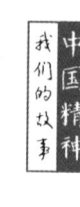

刀尖上的舞者
——"航母战斗机英雄试飞员"戴明盟的故事

和战友们组成的箭形梯队通过天安门上空,以米秒不差的精准接受检阅。

习近平主席和来宾们抬起头,久久注视着湛蓝天空。

在最高检阅台上,习近平主席再次向世界传达了中国人民的共同信念:"让我们共同铭记历史所启示的伟大真理:正义必胜!和平必胜!人民必胜!"

这是一次历史铭记,在铭记中强化民族的战争记忆和忧患意识;这是一次国家缅怀,在缅怀中传承英雄血脉、挺起民族精神脊梁;这是一次精神凝聚,在纪念中凝聚起民族复兴的意志力量;这是一次庄严宣示,在宣示中彰显维护正义与和平的坚定决心。

戴明盟虽然未能亲耳聆听习主席的讲话,但这正是他和战友们的心声:正义必胜!和平必胜!人民必胜!

不是尾声的尾声

戴明盟的故事讲到这里要告一段落了。

但是,这还不能算是尾声,我们的英雄依然任重道远。

2016年,戴明盟升任海军舰载航空兵部队部队长。

戴明盟对我说,海军航母舰载战斗力建设刚刚起步,部队转型发展正处于开拓阶段,还有许多未知领域需要去探索,还有大量历史空白需要去填补。戴明盟还告诉我,刚刚有一批舰载战斗机飞行员通过考核。为了中国航母事业的未来,还需要培养更多更优秀的舰载战斗机飞行员,涌现出更多的英雄。让英雄气激荡在团队,事业才有希望,军队才有希望,国家才有希望!这是自己作为一位部队领导的责任,也是自己作为一名现代革命军人的价值。

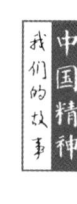

刀尖上的舞者
——"航母战斗机英雄试飞员"戴明盟的故事

戴明盟以承担这样的责任为使命,以坚守这样的价值为意义。

天地英雄气,千秋尚凛然。

戴明盟说得没错,在中华民族五千年代代相承的精神气息里,英雄气始终汹涌澎湃。

"壮志饥餐胡虏肉,笑谈渴饮匈奴血"是许身报国的英雄气;"我自横刀向天笑,去留肝胆两昆仑"是自我牺牲的英雄气;"暮色苍茫看劲松,乱云飞渡仍从容"是蔑视困难的英雄气……

今天的英雄戴明盟,继承发扬并光大着这些英雄气。

枕戈待旦舞长缨,飞鲨穿云跃苍天。

在结束此文时,我谨代表广大读者,向戴明盟和战友送去这样的祝福:

唯愿英雄的戴明盟,带领他的部队和战友们,勠力同心、刻苦攻关、开拓创新,向着强军目标奋飞,在不断超越自我、超越现有、超越外国中飞出壮志豪情,飞出丰功伟绩，飞出军威国威。

　　期盼英雄的戴明盟，带领他的部队和战友们，走过"雄关漫道真如铁"的昨天，跨越"人间正道是沧桑"的今天，向着"而今迈步从头越"的明天奋飞。在新长征路上，在圆伟大的中国梦的进程中，培养出一个又一个英雄，谱写出一篇又一篇传奇……

 主编简介

　　李炳银:陕西临潼人,1975年毕业于复旦大学中文系。现为中国报告文学学会常务副会长,中国作家协会研究员,全国报告文学理论研究会会长,《中国报告文学》主编。

 作者简介

沙志亮：笔名沙子亮，山东菏泽人，回族，1976年12月入伍。现为海军政治部创作室专业作家，《海军文艺》主编，海军大校军衔，中国报告文学学会理事。出版、发表作品数百万字，多次在全国全军获奖，荣立二等功1次、三等功10次。

图书在版编目（CIP）数据

刀尖上的舞者："航母战斗机英雄试飞员"戴明盟的故事 / 沙志亮著；李炳银主编. — 2版. — 太原：希望出版社，2017.6（2021.12重印）
（中国精神·我们的故事）
ISBN 978-7-5379-7611-4

Ⅰ.①刀… Ⅱ.①沙…②李… Ⅲ.①报告文学—中国—当代 Ⅳ.①I25

中国版本图书馆CIP数据核字(2017)第105863号

刀尖上的舞者
——"航母战斗机英雄试飞员"戴明盟的故事

李炳银 / 主编 沙志亮 / 著

出 版 人：王　琦
项目策划：田俊萍
责任编辑：田俊萍　邢　龙
复　　审：谢琛香
终　　审：刘志屏
美术编辑：韩开文
照片拍摄：李　唐　钟魁润
装帧设计：山西天目文化传播有限公司
印刷监制：刘一新　李世信
出版发行：希望出版社
社　　址：山西省太原市建设南路21号
邮政编码：030012
经　　销：全国新华书店
印　　刷：山西人民印刷有限责任公司
开　　本：889mm×1194mm　1/32
印　　张：8.25
版　　次：2017年6月第2版
印　　次：2021年12月第3次印刷
书　　号：ISBN 978-7-5379-7611-4
定　　价：25.00元（平）
版权所有，侵权必究。